中韓関係と北朝鮮

国交正常化をめぐる「民間外交」と「党際外交」

林聖愛

世織書房

まえがき

二〇〇六年、私は母校の中国・延辺大学からの推薦を受け、同年四月から慶應義塾大学大学院法学研究科に研究生として在籍することになり、二年後の〇八年四月に念願が叶って同研究科の後期博士課程に入って勉強を続けることになった。それからちょうど四年半後の二〇一二年九月に法学博士号を取得した。本書は、慶應義塾大学法学研究科に博士論文として提出した「中国政府の『民間外交』と中韓国交正常化（一九七八―一九九二）――『民間外交』の展開とその要因分析を中心に」を修正・加筆したものである。

北朝鮮との同盟関係の維持に腐心しつつ、北朝鮮の宿敵である韓国との関係改善を中国政府がいかに推進していったのか、という全般的過程を日本語、中国語、韓国・朝鮮語と英語による幅広い資料をもって丹念に描き出すのが本書の目的である。

一九七〇年代末に中韓両国が水面下で接触を始めてから九二年に国交正常化が実現するまでの間、中国政府は朝鮮半島外交において一貫して対北朝鮮外交を優先した。そのため、韓国政府は先進技術の移転、投資というカードで中国誘惑に乗り出しただけでなく、米国、フランス、日本などの友邦国に対中国説得を働きかけた。にもかかわらず、中国政府は対韓関係の進展において頑なに非公式・間接的な接触や交流を主張した。この姿勢は、旧ソ連が対韓経済交流の増加とともに、韓国の位置づけを北朝鮮以上にした姿勢と際立った対比をなしている。

ところが、一九九〇年代に入って北朝鮮の核開発と繰り返される核実験やミサイル発射で、中国は国際社会と足並みを揃えて北朝鮮に制裁を科すなど、対北朝鮮政策に変化を見せはじめた。ただ、二〇一〇年三月に起きた哨戒艦「天安沈没事件」にも見られるように、中国は対北朝鮮擁護の立場を完全に放棄したわけではない。ときには韓国の立場を支持し、ときには北朝鮮寄りの姿勢を見せる中国の対朝鮮半島のバランス外交は、対韓関係改善の過程で練られたものであるが、このバランス外交の原形を理解するのに本書はそれなりに役立つと思われる。

二〇一四年は中韓国交正常化二二周年にあたるが、この間両国は政治、経済、文化、人的交流など広範囲にわたって協力してきた。まず政治分野における協力であるが、二〇一二年まで両国の間で首脳会談だけでも五五回行われ、政府間の高位級・外相レベルの会談・交流も制度化された。また両国は一九九八年の「協力パートナーシップ」の関係から、二〇〇三年には「全面的協力パートナーシップ」に昇格、〇八年には「戦略的協力パートナーシップ」にまで発展し、さらに一三年七月四日、中韓両首脳はその全面的充実と深化に合意した。

つぎは、経済分野の交流であるが、現在中国は韓国の最大の貿易・投資の相手国で、韓国は中国の第三の貿易相手国、第四の投資相手国となっている。二〇一三年現在、中韓両国の貿易総額は二七四三億米ドルに達しているが、これは一九九二年国交正常化当時の五〇億米ドルに比べると五五倍となる数値である。両国の経済交流は当初の単なる貿易から現在に至っては投資、金融、物流などのさまざまな領域にわたる全面的協力関係にまで進展している。

その他、両国の文化交流や人的交流も盛んに行われている。教育、メディア、芸術、スポーツなどにおける文化交流はいうまでもなく、人的交流を見ても二〇一三年現在、両国の往来人数は延べ八〇〇万人にも達し、週に八五〇便強もの飛行機が往来している。また、中韓両国とも相手国が最大の留学生派遣国となっている。

その一方で、中国と韓国の間に存在する問題も多い。中韓二国間における歴史認識問題、貿易摩擦、漁業紛争、領土問題、脱北者問題と、多国間にわたる北朝鮮問題、米韓同盟問題などである。そもそも通常なら両国間関係において、上述の二国間における問題の発生はあり得ることとして、多国間レベルにおける問題は独特で複雑な現象である。しかし、不思議なことに、中韓両国間ではむしろ多国間レベルにおける諸問題が両国関係を決定する主な要因となっている。

例えば、朝鮮半島で危機が発生した際に、中国側が一貫して韓国と北朝鮮の双方の対抗と衝突を避けて、平和な対話方式をもって問題解決に臨むことを主張しているのに対して、韓国側は中国が自国の立場と主張を支持してくれることと韓国寄りになってもらうことを求めている。その好例として取りあげられるのが、二〇一〇年三月と一一月に発生した「天安沈没事件」と「延坪島砲撃事件」後、中国側が北朝鮮寄りの姿勢を取って韓国を苛立せたと韓国政府は中国政府に不満を表し、「責任ある行動を取る」ことを求め、「戦略的協力パートナーシップ」にさえ疑問を投げかけたことである。そして、「天安沈没事件」発生の後、韓国の要請を受けて米国が空母を黄海に派遣する予定の米韓軍事演習に対して、その標的が北朝鮮であることを知りつつも、結果的に中国の安全保障にも影響を及ぼしかねないと判断したため、中国は韓国に対して強く反発したのである。これらの諸事件は中国側と韓国側にそれぞれ大きなショックを与え、その影響で両国の関係は一度低迷したこともある。

そんな中、二〇一三年六月の朴槿恵《パククネ》大統領の中国訪問、一四年七月の習近平国家主席の、北朝鮮訪問に先立つ異例の韓国訪問によって、中韓関係は蜜月を迎えるようになった。しかしながら、韓国のフィリピンへの武器輸出、米ミサイル防衛システムへの参加計画などに対して、中国は韓国がアメリカの対中戦略包囲網の構築に参与するものと見なしたため、両国の間にはまたヒビが入った。要するに、中韓両国は政治、安保分野において非常に脆弱な関係にあるゆえ、双方が北朝鮮問題と米韓同盟に対する認識と政策を共有しないかぎり、矛盾と衝突は回避できず、その積み重ねが結局、両国の関係を冷却させるきっかけとなるわけである。

最近、学界やメディアで喧伝されているように、中韓両国ともに「政権交代」後、韓国は日本より中国を、中国は北朝鮮より韓国を優先するという話は、必ずしも中韓両国の日本に対する牽制や北朝鮮外しではなく、中国は対南北朝鮮、韓国は日米と中国との間でそれぞれバランス外交を取った結果であるとも見ることができよう。地理的に隣接し、経済的に緊密な相互依存関係にあるにもかかわらず、歴史認識問題、領土紛争問題などによって阻害される北東アジア地域の協力・統合の視角からみれば、中韓協力の拡大は地域の発展と平和に資するもので、日本の中韓両国との関係回復と地域協力へのさらなる積極的な参加が期待される。

二〇一四年一二月、北京にて

林　聖　愛

中韓関係と北朝鮮——国交正常化をめぐる「民間外交」と「党際外交」☆目次

序論

第1節　問題意識と分析視角

これまで中国（中華人民共和国）政府は、中国・北朝鮮（朝鮮民主主義人民共和国）関係を「唇歯の関係」や「伝統的友誼」などと表現して北朝鮮との親密な関係を強調してきた。

しかし、北朝鮮による二〇〇六年七月五日におけるミサイル発射に引き続き、同年一〇月九日における核実験に対し、中国外交部（外務省）は直ちに強い非難声明を出しただけでなく、国連安全保障理事会の北朝鮮に対する制裁決議案にも賛成の票を投じた。そして、北朝鮮による二〇〇九年四月五日におけるミサイル発射と同年五月二五日における二回目の核実験の後、中国外交部の秦剛副報道局長は定例記者会見で中朝関係を「正常な国家間関係」にすぎないと強調した。中国政府のこれらの言動は、中国の対北朝鮮政策に新たな転換が現れ、中朝関係に亀裂が生じつつあると、国際社会から指摘されてきた。

他方で、二〇一一年一二月一七日の金正日《キムジョンイル》総書記の死去直後、中国は直ちに金正恩《キムジョンウン》体制への支持を表明し、一二年八月には王家瑞中央対外連絡部長を北朝鮮に派遣し、北朝鮮の三回目の核実験後の一三年七月末には李源潮国家副主席を朝鮮戦争休戦六〇周年記念式典に参加させるなど、中朝関係は再び緊密化への動きを見せていた。ときには強硬で、ときには柔軟な、錯綜している中国の対北朝鮮政策の影響を受け、中韓関係は国交正常化二二周年目の現在に至っても、相互に不信感を払拭できない脆弱な状況に置かれている。[1] 朝鮮半島という特殊な分断国家に対する中国のこのような「バランス外交」の構造は、実際上、一九七〇年代末に形成されたものである。

一九七〇年代末に始められ、八〇年代を通して水面下で行われた中国の対韓国（大韓民国）関係改善の動きは、北朝鮮との関係を傷つけないように日夜腐心した状況下のものであった。それゆえ、本書が扱う一九七〇年代末から九〇年代初めまでの中国の対韓外交を考察することは、今日における中国の対朝鮮半島外交におけるきわめて複雑な構造をより深く理解するうえで重要な手がかりとなると考えられる。

そこで本書は、一九七八年から九二年までを研究対象とし、この期間における中国の対韓外交を、中国政府の「民間外交」という概念を導入して構造的に分析すると同時に、対韓外交を規定してきた諸要因をも明らかにすることを目的とする。

中国の対韓関係改善と対北朝鮮政策

一九六〇年代末から七〇年代初めにかけての米中和解の影響を受け、東アジアにおける冷戦秩序は再編された。北朝鮮は武力遊撃戦という戦術を取りやめ、米国や日本などとの関係改善を通じた「平和攻勢」ないし「外交攻勢」に打って出た。[2] それに対して、韓国は北朝鮮との対話および中国やソ連（ソビエト社会主義共和国連邦）との関係改善を推進する緊張緩和政策を打ち出した。この時期、韓国にとって中国との関係改善は、安全保障を確保するための新しい枠組みづくりのみならず、北朝鮮との体制間競争および経済利益の面からみても、重要な外交課題の一つとして浮上したのである。

韓国の対中関係改善の試みは、朴正熙《パクチョンヒ》政権によって一九七〇年代初めから開始された。一九七三年六月二三日、朴正熙大統領によって発表された「平和統一外交政策に関する特別宣言（六・二三宣言）」は、北朝鮮の友邦である中国、ソ連をはじめとする共産主義諸国に対する最初の門戸開放宣言であり、北方政策の推進を告げたという点で大きな意義があった。[3]

一九八三年六月二九日には李範錫《イボムソク》外務部長官（外相）が国防大学院で、「先進祖国の創造のための外交課題」[4]と題する講演を行った。この講演の内容は、全斗煥《チョンドファン》政権の北方政策を象徴するものであり、北朝鮮に対する強硬な姿勢は朴正熙政権と変わらないが、中国、ソ連との関係改善には積極的な姿勢で臨むことを明らかにした点において画期的であった。

一九八八年二月二五日に大統領に就任した盧泰愚《ノテウ》は、同年七月七日における「民族自尊と統一繁栄のための特別宣言（七・七宣言）」の発表を通じて、きわめて柔軟な対共産圏諸国宥和政策を提示した。そして、盧泰愚大統領は任期内に中国との関係改善を実現させることを最大の外交目標として設定した。韓国の八〇年代における両政権の対中関係改善の内容は朴正熙政権時代のそれに比べ、一定程度の差をみせたものの、対中接近と関係改善の方法においては朴正熙政権時代のそれを踏襲してきたのである。

当初、韓国の対中関係改善に関する一連の呼びかけに対して、中国はきわめて冷淡な態度で対応し、対韓接触・交流の禁止政策は一九七〇年代末まで続いた。ところが、一九七八年初めから中国の対韓認識に変化が表れはじめ、同年末からは非公式レベルによる交流が行われるようになった。一九七八年五月三〇日、対外貿易部長（貿易相）李強や胡喬木らとの会談で、鄧小平は南朝鮮（韓国）、台湾（中華民国）、香港、シンガポールを「四つの虎」に譬えつつ、これら諸国・地域のように貿易を拡大させるよう指示したのである。そして、同年一二月から行われた「里帰り交流」に続き、一九七九年初めには第三国を経由する石炭の売買など間接貿易が、両国の間で展開されるようになった。

それではなぜ、一九七八年に入り、中国の対韓認識および政策に変化が生じたのであろうか。その理由を以下の二点にまとめることができる。

一九七六年一〇月に文化大革命が終息し、七七年七月に鄧小平が政権に復帰した後の同年一一月を境に、中国指導部の関心が政治から経済に移行し[5]、政治的には安定した外交政策決定構造が形成されたことが[6]、中国の対韓認識に変化をもたらした核心的な要因であった。このような国内情勢の変化のほかに、当時の中国にとって最大の外交課題はソ連による対中包囲網の突破であったが、中国と西側先進諸国との関係改善をめぐって中国との不協和音を表面化させていた北朝鮮がソ連に接近する姿勢を見せるようになり、それに対する一定の牽制を北朝鮮に与える意味からも韓国との接近が必要となったことも、中国を対韓交流に向かわせた重要な要因の一つであった。

その場合、中韓離散家族の再会を実現させるための「人道外交」であれば、北朝鮮に過度の刺激を与えなくてすむと中国は判断しており、その結果として、一九七八年一二月一八日に中国朝鮮族住民の韓国への里帰りが実現し、戦後初めての中韓交流が行われるようになったのである。「里帰り交流」に引き続き、一九八〇年代を通じて、両国の間ではスポーツ、文化、経済など、さまざまな分野において交流が行われたが、このような交流の展開過程の中で、両国は信頼関係を構築し、最終的に外交チャンネルまで形成するに至ったのである。

ただし、これらの交流はすべて政府レベルよりランクの低い非公式の民間レベルによるものであった。その理由は、当該時期における中国の対北朝鮮政策にあった。結論を先に言えば、一九八〇年代初めから対外政策がイデオロギー中心から国益中心の実利外交に転換されるにつれ、中国は韓国と政治外交関係を目指しつつも、韓国との交流における質的変化ないし関係の進展は、中朝関係にマイナスの影響を与えかねないと認識したため、韓国と接触するにあたり、「民間外交」の形を取らざるをえなかったのである。

政府間関係改善のための「民間外交」――中国の「人民外交」

では、中国政府の「民間外交」とは一体どういうものなのか。

本書でいう中国政府の「民間外交」とは、中国政府が外交活動を行う際、外交関係のある国家に対して公式的な政府機関を利用するに比して、国交が樹立されていない国とは形式上は政府機関でない「民間機構」あるいは「民間団体」を活用して行った外交活動を指し示す。周知のとおり、中国で民間の名義を名乗るいかなる機構・団体であっても、すべては党・国家の指導を受けている。別枝行夫の「中国は相手によって国家機関を前面に出す場合と民間組織を用いる場合とを使い分けている」[7]との指摘が中国政府の「民間外交」をよく説明しているが、一九七〇年代末から国交正常化以前における中国の対韓外交が後者に当たる。

すなわち、中国は一九七八年末から韓国との間で国交正常化が実現する九二年八月まで、韓国とのすべての交流および交渉を政府機関に代わって「民間組織」に肩代わりさせたのである。当該時期における中韓両国の民間組織はともに公的性格が強かったが、建前上は「民間組織」として、両国の関係改善において重要な橋渡し役を果たしたのである。

本書で取り扱う、改革開放前後から中韓国交正常化までにおける中国の対韓外交は、中国が韓国との交流、関係改善を図るため、実際には政府ないし共産党の指導下で活動しているが、便宜的には民間の体裁をとっている「民間機構」あるいは「民間団体」を前面に打ち出して行った、中国政府の「民間外交」に属するものである。実際、本書で使用される「民間外交」は、中国で呼ばれている「人民外交」の範疇に属している。元国務院副総理兼外交部長（副首相兼外相）の陳毅は「中国の人民外交は、政府間外交と民間外交の二つの形式を通じて実現する。

この二種類の形式を緊密に結合させせつつ巧みに利用することが、我々の人民外交のシステムを構成するものであり、我々の対外工作の最大の特色である[8]」と説明した。

さらに、王玉貴は、中国における「民間外交」は、通常「人民外交」とも呼ばれているが、厳密にいえば、両者の間には区別があり、「人民外交」は「民間外交」よりも広い意味を持っていると論じた[9]。ただし、王玉貴は「人民外交」の定義を、さらに広い意味と狭い意味に分けつつ、狭い意味での「人民外交」は「民間外交」と同じ意味で使われると補足説明した。

中国では一九八〇年代前半において対外開放が拡大され、地方分権化が進展するにつれて、地方政府が一定の範囲内で自主的に韓国の民間団体ないし民間企業と交流を行うことが可能となった。しかし、本書の主たる目的は中韓関係改善をめぐる、中国政府の「民間外交」を考察することであるため、地方政府や他のアクターによる民間交流は分析の対象外とする。そして、本書でいう「民間外交」は、国際政治学で扱われている民間外交とも一線を画すものである。

西原正は、民間外交について以下のような二つの分類に分けて定義を与えている[10]。まずは、当該政府から交渉資格を与えられていない者が隠密に相手国と接触して、国家間の懸案（休戦、平和、国交正常化）を処理すべく立ち回ることである。彼らは民間人であることも、政府役人であることもありえる。つぎに、交渉の資格を持たない者が相手側との接触の事実を公表して接触する場合があるが、これも民間外交の範疇に入るという。この種類の民間外交は、国家間関係が良好な時にはこうした接触の意義はほとんどないが、国家間関係が悪い場合には彼らは両国間の関係改善や懸案解決などのための雰囲気づくりに貢献し、ひいては問題解決の交渉条件をも作り出すことになる。

当時、中国政府は韓国に対して「民間外交」を展開するに際して、主に政府機関の外郭団体あるいは専門的な民間組織を利用した。例えば、中国は一九七八年一二月から韓国との間で「里帰り交流」を実現させた際、「中国紅十字会」を対韓交流・交渉の窓口として前面に打ち出した。「中国紅十字会」は中国国務院ではなく外交部の管理を受けている機構であるが、国際赤十字社に加盟する中国の赤十字社であり、基本的には世界の赤十字社と同様の活動を行っているため、対外的には専門的な民間組織に区分される。

このような専門的な民間組織には、中国紅十字会のほか、中国国際商会、中華全国総工会、中華全国体育総会、中国人民保衛世界和平委員会などがある。当該時期、中国は中国国際商会、中華全国体育総会などの機構を通じて、韓国との経済、スポーツにおける交流・交渉を行っていたのである。

これらの専門的な民間組織以外にも、中国には外交の局面における民間組織の代表格として、中国人民外交学会、中国人民対外友好協会、中国国際友好連絡会などが存在する。こうした組織は、国交のない国との関係において は、接触のためのルートづくりの役割を果たしていた。例えば、一九八九年六月四日の天安門事件で韓国との間で貿易事務所相互設置に関する交渉が断絶した際に、中国は韓国との間でパイプを持っている中国国際友好連絡会を通じて、貿易事務所設置の交渉の再開を呼びかけていた。

他方で、中国政府の要請により、韓国政府も半官半民の民間組織を利用して対中接触と交渉に臨んだ。例えば、中国との「里帰り交流」において、韓国政府は大韓赤十字社を窓口として指定し、「スポーツ交流」においては、大韓体育会（大韓五輪委員会）を対中交渉の窓口とし、「経済交流」においては大韓貿易振興公社を窓口として指定したのである。

対韓「民間外交」の促進要因

以上のような観点から、本書は一九七八年から九二年国交正常化までにおける中国の対韓外交を規定してきた諸要因を明らかにするに際して、「人道外交」「スポーツ外交」「経済外交」の三つの事例を取り上げて実証分析を行う。この三つの事例を選んだ理由としては、これらの事例がそれぞれの時期における最も典型的、代表的なものであり、資料の発掘と入手がより容易であったことが挙げられる。

後述する実証分析の部分で詳細に論じるが、本書では中国の対韓外交を動かした要因について、まず、なぜ中国が対韓関係改善において、「民間外交」の手法を選択せざるをえなかったのか、すなわち中韓関係改善の阻害要因として中朝の特殊な関係、台湾要因（統一問題）と韓国の「政経不可分」政策を取り上げた。そして、中国の対韓「民間外交」に変化・変質をもたらした要因、すなわち、中韓関係改善の促進要因については、中国の国内情勢および国際環境の両サイドから複合的かつ動態的に考察を行う。そのうち、国内要因としては国内政治の安定化と対韓経済的動機を取り上げ、国際要因としては、ソ連の対外勢力拡張政策、ソ朝関係の緊密化、台湾（中華民国）の外交攻勢、韓国の積極的な対中アプローチをもって分析を行う。

まず、国内要因であるが、多くの先行研究は、国内政治の安定化と経済重視への路線転換が中国の対韓政策の転換をもたらし、中韓国交正常化を促した核心的な要因であると主張した。例えば、一九七八年一二月に始まった中国の対韓接触は、確かに国内的に安定した外交政策決定構造が形成されたことと、経済重視への路線が採択されたことによる中国の対韓認識の変化の影響を大きく受けたものであった。しかし、以上で述べた国内政治・経済的要因が直接、中韓接触をもたらしたわけではなかった。一九七九年一月、カーター米大統領が中国に韓国との経済交流を勧めたのに対して、鄧小平は中韓経済交流が中国の北朝鮮への影響力を低下させる恐れがあり、それが北東アジアの平和にもプラスにならないことを理由に挙げて、対韓経済交流に消極的な反応を見せた。

翻って考えれば、この時期、中国は北朝鮮との関係を悪化させてまで、韓国との経済関係を発展させるほどの対韓経済的動機を感じていたとは思われない。中韓接触をもたらした直接要因は、実際上、一九七〇年代末から朝鮮半島政策の調整で悩んでいた中国が、当時北朝鮮のソ連寄りの傾向を示している行動に刺激されて対韓政策の調整を断行したからであった。

すなわち、一九七〇年代末から八〇年代を通じて、中国が対韓「民間外交」を開始し、展開するに際して、経済的要因が一貫して重要視されたが、必ずしも決定的な要因ではなかった。上述したように、一九七〇年代末、中国が対韓接触に踏み切ったのは、中国の国内政治の安定と対韓経済的動機に加えて、北朝鮮のソ連寄りの姿勢に刺激された中国の「韓国カード」の駆使という複合的な要因が相互作用した結果であった。それぞれの時期において中国の対韓政策は経済的要因のみではなく、その他のさまざまな要因によって複合的に決定されたのである。

つぎに、国際要因である。これまでの多くの先行研究では、一九八九年五月における中ソ首脳会談によって、北朝鮮の戦略的価値が低下し、その影響を受けて中国の対朝鮮半島外交の行動半径が広がったため、中韓関係改善が促進されたと分析されてきた。この論理は逆に言えば、中ソ関係改善が実現する前においては、ソ朝関係が緊密化すると、北朝鮮をめぐるソ連との競争にマイナスの影響を与えかねない対韓関係の進展に対して、中国が消極的にならざるをえないことを意味している。しかし、第2章で詳しく分析するが、一九七八年末における中国の対韓接近をもたらしたきっかけは、ソ朝関係の緊密化であった。

そこで、本書では、ソ連と北朝鮮の関係の強化が必ずしも先行研究が主張しているように、中韓関係の阻害要因として作用したのではなく、促進要因としても働いたと仮定したうえで、その役割に注目することにする。そして、台湾要因であるが、金世雄《キムセウン》の研究によれば、中国が韓国との関係改善を実現する場合、中国が「二つの韓国」ないし「二つの朝鮮」を承認することになり、それは中国が主張する「一つの中国」原則に抵触するものであるため、中国が中韓関係を長期間にわたって非公式の民間レベルに限定したことを指摘した。[11]また、金世雄の研究は台湾要因（統一問題）が中韓関係改善の阻害要因として作用したと結論づけた。[12]

しかし、第4章で詳しく分析するが、一九八八年後半にスタートした中韓民間貿易事務所の相互設置をめぐる交渉に際して、韓国側が民間貿易事務所を中央政府のある北京市に設置することを主張したのに対して、山東省に設置することに固執していた中国が一九八九年初めに行われた第二次交渉で、民間貿易事務所の設置場所を韓国側の主張した北京にすることに同意したのである。中国側の姿勢に変化をもたらしたのは、まさに台湾要因の影響であった。一九八八年から李登輝政権が「弾性外交」を展開することを通じて国際社会で外交攻勢を行っており、そのような外交攻勢に危機感を感じた中国が台湾外交に打撃を与えるために、対韓関係をレベルアップさせたという論点に関しては、第4章を通じて詳細に考察する。

以上を踏まえれば、台湾要因は中韓国交正常化を遅延させたという意味では阻害要因であるが、台湾外交攻勢の影響を受けて中国が対韓関係をレベルアップさせたという点においては促進要因の役割を果たしたのである。したがって、本書では台湾要因を統一問題要因と対外政策要因に分類したうえで、分析を行うことにする。

最後に、韓国の積極的な対中アプローチ要因であるが、金淑賢《キムスキヨン》の研究は、中韓国交正常化における韓国の「北方政策」の役割を大きく評価している。金淑賢は、韓国の「北方政策」の成果は韓国外交において大きな業績となったに違いないと主張している。[13]確かに、韓国は朴正熙政権の一九七〇年代初めから対中接近を試み、さらに八〇年代に入ってから「北方政策」を実施しつつ積極的な対中外交を展開していた。多くの先行研究が中韓関係改善は中国側のベースによって行われたと指摘しているが、韓国側の積極的な呼びかけと対応がなかったならば、中韓関係改善が一九九二年に実現することは難しく、両国の関係改善はより遅れたかもしれないと分析されている。

しかし、第3章で詳細に考察するように、一九八〇年代前半における全斗煥政権の対中政策が、中国との政府間関係ないし公式の「民間関係」の樹立のみに固執する硬直的な政策であったがゆえに、中国側の提案した非公式の「民間経済交流」は結局、実現できなかった。北朝鮮に配慮したため、韓国との経済交流を一貫して忌避または否認してきた中国が、一九八〇年代半ばに非公式の「民間経済交流」を韓国側に提案したことは大きな変化であった。それにもかかわらず、全斗煥政権が中国の提案に反対したため、当時、両国の間では経済交流が実現することができなかったのである。そこで、本書では、韓国要因について分析を行う際、促進要因と阻害要因の二つの側面に同時に注目することにする。

第2節　先行研究の検討

近年盛んに行われている毛沢東時代の中国の朝鮮半島政策に関する優れた実証研究に比して、鄧小平期における中国の朝鮮半島政策、中国と朝鮮半島との関係に関する研究は、資料の制約もあり、量的・質的にいまだ発展途上段階にある。関連研究は以下のように大きく二種類に分類することができる。

第一に、中韓国交正常化の要因分析に焦点を当てた研究である。これらの韓国・朝鮮語による研究には、金世雄『中国の対外政策と韓国』（一九九九年）、方秀玉《パンスオク》『中国の外交政策と韓中関係』（二〇〇四年）、金春燕《キムチュンヨン》「一九九二年の韓中国交正常化に関する研究――中国の対米・対日牽制を中心に」（二〇〇六年）、朴勝俊《パクスンジュン》「韓中国交正常化の背景と意義に関する研究――韓国の現実主義の適応と中国の伝統主義への復帰」（高麗大学大学院博士論文、二〇一〇年）があり、日本語による金淑賢『中韓国交正常化と東アジア国際政治の変容』（二〇一〇年）がある。

金世雄の研究は、中韓国交正常化の要因を、韓国要因、対外要因（国際関係、北朝鮮要因）と中国の国内要因（国内政治経済状況、イデオロギー要因、台湾要因）に分類して考察を行い、その中でも国内要因が最も重要な要因であると主張した。

方秀玉の研究は、中韓両国が国交正常化を達成した要因として、韓国要因、国際要因と中国の国内要因を取り上げたが、その中でも中国の国内政治経済要因が核心的な要因であると主張した。さらに、同研究は、韓国要因、日米中の戦略的関係の崩壊による中国の安保環境の変化、および経済重視の国際情勢の変化は中国の国内状況とともに促進要因であり、北朝鮮要因、台湾要因とイデオロギー要因は阻害要因として働いたと分析した。

金春燕の研究は、中韓関係改善における国際関係の影響を重視した。とりわけ、北東アジアにおける米国の影響力を牽制し、日本への経済的依存を軽減するために、中国が韓国との国交正常化に踏み切ったと主張した。

朴勝俊の研究は、ステファン・ロックの過去において敵対国家であった二つの国家の間の平和発生の仮説という枠組みを用いて、中韓国交正常化が実現できた理由について分析を行った。朴勝俊は仮説として、国力行使の異質性（Heterogeneous in the Exercise Activity）、経済活動の異質性（Heterogeneous in the Economic Activity）、社会・文化的同質性（Homogeneity in Cultural/Social Attributes）、触媒事件の発生（Catalytic Event）を取り上げ、これらの仮説を中韓関係改善に適用してみた結果、上記の四つの仮説がすべて中韓国交正常化にプラスの役割を果たしたと結論づけた。

また金淑賢の研究は、中韓関係改善を韓国の「北方外交」の成果に還元し、中韓国交正常化交渉過程を詳細に追ったものである。

朝鮮戦争以降、敵対関係を深めた中国と韓国が、四十数年後に国交正常化を実現したことは、北東アジア地域の国際政治に重大な影響を与えた画期的な事件であった。その影響を受け、これまでの中韓関係に関する先行研究は中韓国交正常化を分析の焦点とし、国交正常化の要因分析を考察することに関心を集中させる傾向がある。以上で取り上げた五つの先行研究は、中韓国交正常化を従属変数とし、国交正常化をもたらした要因を独立変数とし、それらの要因を羅列しているという点で共通している。

中国の対韓政策決定要因を考察する本書にとって、これらの先行研究は貴重な参考材料となった。しかし、国交正常化の国際的、国内的諸要因を単にまとめ、羅列するだけでは、中国の対韓政策決定要因を総合的に把握することができず、説得力を欠く。したがって、本書では、それぞれの時期において中国の対韓外交を規定した要因を複合的かつ動態的に分析する。

先行研究の第二の種類が、中韓国交正常化を事例とし、中国の対外政策と対韓政策の関係を考察した研究である。これらの研究には、益尾知佐子「鄧小平期中国の対朝鮮半島外交——中国外交『ウェストファリア化』の過程」（二〇〇二年）、李成日『中国の朝鮮半島政策——独立自主外交と中韓国交正常化』（二〇一〇年）などが主に挙げられる。

まず、益尾知佐子の研究は、一九七〇年代末から中国外交において主権国家本位の「ウェストファリア化」が始まり、それが八〇年代初めから朝鮮半島外交にも投影されたが、一九九二年の中韓国交正常化の実現をもって、中国外交のウェストファリア化が完成を遂げたと分析した。すなわち、益尾によれば、中韓関係改善によって中国の対北朝鮮「党際外交」が「国家間外交」に吸収され、中朝党際関係も終息するに至ったという。

そして、李成日の研究は、一九八二年九月に「独立自主の対外政策」が発表され、対外政策が革命とイデオロギーを重視する革命外交から国益を重視する実利外交に完全に切り替わるようになってからはじめて、対韓政策も転換されはじめたと主張した。そして、その事例として取り上げられたのが、一九八三年五月五日に起きた中国民航機ハイジャック事件を解決するための中韓政府間接触であった。この事件を起点として、中国と韓国は漸進的なプロセスを経て、最後に冷戦の崩壊による国際環境の影響を受け、両国は国交正常化を実現させたと同研究は主張した。さらに、李成日の研究によれば、中韓関係の変化が結果的に中朝関係の変質をもたらしたという。

以上の二つの研究は、いずれも優れた成果を挙げており、中国の対韓政策を理解するうえでは本書でも裨益《ひえき》するところが大きかった。これらの研究は、ともに一九八二年の「独立自主」外交に象徴される中国の対外政策の転換が対韓政策の転換をもたらしたとし、対韓政策転換の始発点を一九八二年以降に設定したという点で共通している。

しかし、李成日の研究は、いずれも中国外交の変化自体については適切な分析を行っていない。益尾知佐子の話を借りれば、このような研究の最大の問題点は、主権国家を主体とする世界システムをアプリオリとし、国家の合理性のみに基づいて中国外交の変化を分析したことである。[14]この点について岡部達味の研究も、「中国が『主要敵』を設定して、諸悪の根源をそれに求めるという、『準軍事的』な単純化された発想から、現実の国際関係により適合した多角的な発想へと転換し、外交に質的変化が起こった」[15]と指摘している。換言すれば、李成日の研究は中韓関係と中朝関係を明確な概念をもって設定しなかったため、「中朝関係」が変質したと主張しているものの、いかなる関係に変質したのかについては回答を与えていない。

また、同研究は、「中朝関係」の変質は中韓関係の進展によってもたらされたものであると主張した。しかし、中朝関係の専門家である平岩俊司が、抗日戦争の経験、朝鮮戦争への中国人民志願軍の参戦によって形成された「唇歯の関係」「伝統的友誼」などの文言で表現される中国と北朝鮮の関係は、朝鮮人民軍の撤退などをめぐる両国関係、韓国の軍事クーデターによる北朝鮮の革命認識の変化、中ソ論争、中国の文化大革命、米中接近とそれに続く北朝鮮の対米直接交渉の模索、中国の改革開放路線、さらには冷戦の終焉などを経て、徐々に変化してきたと指摘しているように、[16]中韓関係の進展はすでに行われつつあった中国の対北朝鮮政策の転換に触媒作用を果たしたにすぎず、中朝関係は究極的には独自の力学によって変質したと考えられる。

さらに、これらの先行研究は、対韓政策の変更が「独立自主」の外交政策の発表以降に行われたとも主張する。このような主張は、中国の対外政策の転換が、「独立自主」の対外政策が発表されてはじめて行われたということを前提としている。しかし、近年、改革開放初期における対外政策の転換の時期および過程について活発な議論が行われていることに鑑みると[17]、当該時期における中国の対韓政策形成の過程を再検討することを通じて、対韓政策の形成についての史的研究を緻密化する必要があると考えられる。

李成日の研究に比して、益尾の研究は、中国外交の構造的転換の視角から中国の朝鮮半島政策を考察した画期的な論考であると評価できる。しかし、益尾の研究は朝鮮半島で展開された「党際外交」が「国家間外交」に吸収されていく過程については考察したものの、中国の対外政策の変化がどのように対韓政策の転換に影響を与えたのかについては検討されていない。

第3節　構成と資料

本書は、各章で以下のような内容と問いを扱っている。

第1章では、本書に通底する理論枠組みに関し、中国の対朝鮮半島政策における「二元構造」について説明を行う。一九七八年末から九二年国交正常化までの間、中国は対韓外交において国家間関係を目指しつつもそれが表面的に実践できないため、「民間外交」という形を取った。その一方で、一九八二年に「独立自主の対外政策」の提起によって、すべての国との同盟関係を排除したにもかかわらず、北朝鮮に対しては国家間関係より優位を占める階級主義政党同士の関係を重視する「党際外交」を展開しつづけた。本書では、中国の対朝鮮半島外交に存在する以上のような相互に矛盾する二つの外交形態を、対朝鮮半島政策における「二元構造」と規定する。そこで、この章では、中国の対朝鮮半島政策における「二元構造」がいかなるものであり、またいかにして形成されたのかについて考察する。

第2章では、中国朝鮮族住民の韓国への里帰りを内容とする「里帰り交流」を事例として、一九七〇年代末から八〇年代初めにおける中国の対韓「人道外交」について分析を行う。本書の研究対象時期における中国の対韓外交を考察するにあたり、先行研究が主に経済交流を事例として取り上げてきたのに対して、本章では、北朝鮮が中韓経済交流に猛反対しているため、経済交流による対韓接触が中国の北朝鮮に対する影響力の低下に直接繋がることを懸念する中国がそのような対韓接触を図るはずがなかった、と主張する。このような観点から、この章では「里帰り交流」を事例として、一九七〇年代末から八〇年代初めにおける中国の対韓「民間外交」を考察するに際して、七〇年代末において中国の対韓政策の転換に影響を与えた要因は何であったのか、そして当該時期における中国の対韓「民間外交」はいかなる性格のものであり、それが中韓関係にいかなる影響を与えたのかについて考察を行う。

第3章では、一九八六年のソウル・アジア大会への中国の参加を内容とする「スポーツ交流」を事例として、八〇年代初めから半ばまでの中国の対韓「スポーツ外交」について考察を行う。多くの先行研究も指摘したように、一九八〇年代半ばにおいて中国と韓国の間では「スポーツ交流」がとりわけ活発に行われたが、八四年当初、非公式レベルに限られた「スポーツ交流」が、中国の八六年におけるソウル・アジア大会への参加をきっかけに、公式レベルに格上げされたのである。それは、一九八〇年代半ば、日本経済から成長の著しい韓国経済に関心を移した中国が、経済交流の推進には外交関係の樹立が前提であるとの韓国側の立場を受け入れることができず、また、ソ連に接近傾向を示す北朝鮮に対する配慮の意味からも、「民間外交」に限ったスポーツ交流なら対韓経済交流の拡大が可能であると判断したものであった。

そこで、この章では、一九八六年ソウル・アジア大会への中国の参加決定について、国内外の諸要因に注目して複合的に分析する。そして、一九七〇年代末から八〇年代初めにかけての「人道外交」に比べ、「スポーツ外交」

にはどのような特徴と変化があったのかをも究明する。

第4章では、一九九一年に北京とソウルに民間貿易事務所が相互に設置されるまでの経緯を考察することを通じて、八〇年代後半から九一年初めまでにおいて、中国がなぜ、またどのように韓国に対して「経済外交」を展開したのかを、中韓両国の公式文書、回顧録に加え、中国側の外交関係者に対するインタビュー調査内容をも利用して分析する。そして、「人道外交」と「スポーツ外交」に比して、一九八〇年代末における「経済外交」の位置づけにいかなる変化が現れたのかについて究明する。さらに、「経済外交」の展開によって、中韓関係がいかに変質していったのかをも明らかにする。

第5章では、南北朝鮮の国連同時加盟問題に対する中国の態度変化を考察することを通じて、中国がいかにして対韓「民間外交」を「政府間外交」に定着させていくのかについて分析を行う。それと同時に、この章では中国の対韓外交における「国家間外交」が完成をみる一方で、対北朝鮮外交における「党際外交」にはいかなる変化が現れたのかについても考察を行う。

最後に、本書で使用した資料について付言する。本書は、一九七八年から九二年国交正常化までの中国の対韓「民間外交」の展開およびその要因分析に関する実証研究である。周知のように、中国では朝鮮半島に関する外交資料はほとんど公開されておらず、また北朝鮮への配慮から当分の間公開される見込みもない。それゆえ本書では、中国の最高指導者、外交当局者と実務関係者の回顧録、公開文選・年譜、中国共産党機関紙である『人民日報』を中心とする権威ある各種新聞を主な参考資料として活用した。

中韓国交正常化から一七周年を迎えた二〇〇九年八月、中国鳳凰メディアによって、中韓国交正常化の過程に携わっていた中韓両国の外交当局者へのインタビュー内容が初めて公開され、二〇一一年一月にも断片的ではあるが、新たな内容がさらに公開された。[18]

また、中国側における中国の対朝鮮半島政策に関する研究の制限、および資料の不足からくる限界を最小限に食い止めるために、韓国側の政府関係者、外交当局者の回顧録と証言、韓国外務部（現外交部）の公文書を積極的に利用した。二〇一三年現在、韓国政府は一九八二年までの外務部の公文書を公開している。本書は、中韓両国にとって最初の接触期である一九七〇年代末の中国の対韓政策を分析するに際して、韓国外交部の外交史料館に所蔵されている中韓関係に関する公文書を活用した。また、二〇一一年八月には、対共産圏宥和政策である「北方外交」を精力的に推進し、中国との国交正常化を実現させた盧泰愚元韓国大統領の回顧録が出版されたが、本書を完成させるに際して大いに参考となった。そして、それに加えて、本書は韓国側における対中「民間外交」の窓口の役割を果たした大韓赤十字社、大韓五輪委員会（大韓体育会）、大韓貿易（投資）振興公社から出版された定期刊行物を利用すると同時に、当該時期の韓国政府関係者へのインタビュー内容をも利用した。

第1章　中国の対朝鮮半島政策における「二元構造」

本章では中国の対朝鮮半島政策における「二元構造」がいかなるものであり、またそのような「二元構造」がどのように形成されたのかを検討することを目的とする。

第二次世界大戦後、一九四九年一〇月一日に中華人民共和国が成立すると、中国は北朝鮮と外交関係を樹立し、台湾は韓国と外交関係を結んだ。その後、一九五〇年六月二五日に勃発した朝鮮戦争を経て、北朝鮮と韓国は民族の対立を深めた[1]。他方で、朝鮮戦争の影響を受け、中国と北朝鮮の血盟関係は一層強固なものとなった一方で、中韓関係はさらに悪化した。東西両陣営にそれぞれ属していた中国と韓国の間には長期間にわたる敵対関係が続いたため、一九七〇年代前半までの中国の対朝鮮半島政策には対北朝鮮政策しか存在しなかった。

しかし、一九七〇年代後半に入ると、中国では政治重視から経済重視への路線転換が行われ、その影響を受けて、中国の対韓認識にも変化が現れるようになった。一九七八年三月末、日本を訪問した林乎加を団長とする中国経済代表団は、日本政府に対して韓国馬山の輸出加工区についてのブリーフィングを要請した。また、韓国の経済経験やその手法および先進諸国の対韓経済協力などについても調査を開始した。さらに、一九七八年五月三〇日に対外貿易部部長の李強や胡喬木らとの会談で、鄧小平は南朝鮮、台湾、香港、シンガポールをアジアにおける「四つの虎」に譬え、中国もこれら諸国のように対外貿易を拡大させるよう指示を与えたのである。

これらの事実から見てとれるように、この時期、中国は韓国を従来の敵対国から経済発展モデルへと認識を変化させつつあったのである。それにもかかわらず、中国は韓国との交流が中国の北朝鮮に対する影響力の低下に繋がると認識していたため、一九七〇年代前半まで対韓交流を一切禁じていた。そのようななか、一九七〇年代末のベトナムのカンボジア侵攻によって中国との関係を一層悪化させたソ連に対して北朝鮮が接近する姿勢を見せていた。そこで、中国はソ連寄りの傾向にある北朝鮮に警告を発するため、いわゆる「韓国カード」を切ったが、そのカードが一九七八年一二月一八日に中国と韓国の間で実現した「里帰り交流」であった。

さらに、一九八〇年末までに中国は「一本の線」戦略を放棄し、外交上のイデオロギー的束縛から抜け出し、翌八一年春には主権国家から構成される国際秩序を主要国家間の勢力均衡によって維持する考えへと転じるようになった。国際情勢認識における変化を受けて、中国の対外政策は一変した。一九八二年九月における中国共産党第一二回全国代表大会（以下、中共一二全大会と略）において、胡耀邦総書記によって「独立自主の対外政策」が発表されたのである。中国における対外政策の転換は対韓政策にも影響を与えたが、一九八二年を前後にして中国は韓国に対して「平和共存五原則」の適用をはじめたのである。

つまるところ、一九七〇年代末から中国は韓国に対して「国家間外交」の適用可能性を模索しつつ、北朝鮮に対しては「党際外交」を展開しつづけた。そして、そのような相互矛盾する二つの外交形態が一九七〇年代末以降、中国の朝鮮半島外交における「二元構造」を成していたのである。

第1節　中国外交における「国家間外交」の重視

中国は一九八二年九月の中共一二全大会で総書記に選出された胡耀邦の政治報告を通じて、「独立自主の対外政策」を掲げ、対外政策の転換を実現した。[2]「独立自主の対外政策」をめぐって、これまで中国では、一九三〇年代にソ連やコミンテルンの影響を排除し、毛沢東が指導権を確立して以降、中国共産党と中国政府は一貫して「独立自主の対外政策」を採用してきたことにされてきた。このため、一九八二年の対外政策の転換は中国国内では控えめに「調整」と呼ばれている。[3]

「常識化」と「是々非々主義」

これに対し、中国の「独立自主の対外政策」について、日本の中国外交研究の第一人者である岡部達味は同政策の発表を対外政策の根本的な転換と位置づけ、これが提起されたことの重要性を強調している。他方で、岡部は「独立自主の対外政策」を、一六四八年のウェストファリア条約によって成立したとされる近代主権国家体制においては極めて一般的なものと解釈し、当時の中国外交の変化を「常識化」と呼んだ。[4]「独立自主の対外政策」の柱として、「主権と領土の相互尊重、相互不可侵、相互内政不干渉、平等互恵、平和共存」を内容とする「平和共存五原則」が提起されたが、社会主義国を含むすべての国家との関係にこの原則を適用し、各国との関係を発展させていくことが強調された。

中共一二全大会で胡耀邦はまた、「愛国主義と国際主義の結合は従来我々が対外関係に対処する際の根本的な出発点となっている」と主張し、中国共産党と各国の共産党・労働党（兄弟党）との関係において「独立自主、完全平等、相互尊重、国内問題への相互不干渉」を内容とする「党際四原則」を掲げることを述べた。具体的な対外関係において、中国はそれまで「覇権主義」と強く非難していたソ連との関係正常化を呼びかけた。その他に、「中国はどのような大国や国家集団にも決して依存しない」という非同盟の立場を表明し、さらに「社会主義中国は第三世界に属する」として、自国を発展途上国として位置づけたことなどが注目された。[5]

要するに、中国はこの時期に「主要敵」への対抗を軸にすべての対外政策を定める方針から、一つひとつの国際問題について個別に態度を決める方針へと転じたのであり、岡部はこのような新しい外交姿勢を「是々非々主義」と呼んだ。[6] 言い換えれば、中国は国際関係におけるイデオロギーの有用性を否定し、「平和共存五原則」の重要性を強調して、どのような大国とも同盟関係を結ばないという原則を再提起したのである。[7]

すでに述べたように、「平和共存五原則」はその適用範囲が「すべての国家」であり、敵対国をなくす意味合いをもっていることから、対韓関係においても、従来の敵対政策を見直し、友好的な共存の道へ進む制度的基盤であったと言ってよいだろう。中国の朝鮮半島専門家である曺世功が指摘したように、一九八〇年代に入ってから外交政策の重大な調整によって中国外交は新たな様相を呈するようになったが、こうした調整は当然中国の朝鮮半島政策にも具現化されていたのである。[8] しかし、「独立自主の対外政策」が発表されたことによって、中国は国家のレベルで北朝鮮と韓国を平等な主体として認識しはじめ、対韓関係においてはイデオロギーの有用性を否定したものの、北朝鮮との関係においては依然として階級主義政党間の利益を重視する「党際関係[9]」が展開された。

すなわち、中国は一九七〇年代末から「独立自主の対外政策」を模索しはじめてから、韓国に対して国家利益を重視する「国家間外交」の適用を模索する一方で、北朝鮮に対しては「党際外交」を引き続き実施したのである。言い換えれば、中国は「独立自主の対外政策」の発表を契機として、自らの対外政策が「国際共産主義運動」から脱皮したと全世界にアピールし、「独立自主の対外政策」の一環として、韓国に対して国益追求の「国家間外交」を展開したが、北朝鮮に対しては階級主義政党指導者間の個人的信頼関係を重視する「党際外交」を展開していたのである。[10]

「二元構造」はいつ形成されたか

中国の対朝鮮半島政策における「二元構造」、すなわち、対朝鮮半島外交における相互矛盾する二つの外交形態が具体的にどのように展開されたのか。これについて考察する前に、そのような「二元構造」がいつ形成されたのかについて検討を行いたい。そのために本書では、一九四九年一〇月一日に中華人民共和国が成立してから、九二年八月二四日に中韓国交正常化が実現するまでにおける中国の対朝鮮半島外交の時期区分についてまず言及しておきたい。

従来の研究はそのほとんどが中国の対朝鮮半島外交の時期を、一九四九年から八二年までの「対北朝鮮一辺倒の時期・対韓政策不在の時期」と、八二年から九二年までの「対北朝鮮関係調整の時期・対韓関係改善の時期」に分けて、分析を行っている。[11]また、これまでの研究は、中国の対外政策の転換が対朝鮮半島政策の変更をもたらしたという点では本書と認識を共有しているものの、中国の対韓政策転換の時期について、大多数の先行研究が中共一二全大会以降であると主張したのに比べ、第2章で詳しく分析するが、本書では中国の対外政策の見直しが始まった一九七〇年代末と時期をほぼ同じくして、対朝鮮半島政策にも修正が加えられたと仮定した。そこで、本書では中華人民共和国の成立から、中韓国交正常化の実現に至るまでの中国の対朝鮮半島外交の時期を以下の四つに分類した。

（1）一九四九年から七二年までの「対北朝鮮一辺倒期」である。通常、「血で結ばれた同盟関係（血盟関係）」と表現されるこの時期の中朝関係は、抗日戦争（日中戦争）期に中国共産党と朝鮮共産主義者らが、共通の敵である日本帝国主義と戦う中で「戦闘的友誼」が築かれることとなった。[12]その後、中国における国共内戦で北朝鮮が中国共産党を支持、支援し、東北地域における中国共産党の軍事的勝利のための後方基地の役割を果したことによって、「戦闘的友誼」はさらに強固なものとなった。[13]さらに、一九五〇年一〇月に中国人民志願軍の朝鮮戦争への参戦と六一年七月一一日における「中朝友好協力相互援助条約」の締結によって、中国と北朝鮮の間では「血盟関係」を基軸とした緊密な協力関係が構築されるようになった。

ところが、そのような「血盟関係」も、一九六五年以降のベトナム戦争への支援とソ連に対する両者の見解の違い、そして六六年からの中国における文化大革命の開始などによって、一時的困難に直面した。[14] しかし、一九六九年に入ってから冷え切った中朝関係は再び関係改善に向かい始めたのである。すなわち、上で述べたように、この時期における中国の対朝鮮半島政策においては、対北朝鮮政策のみが重視、優先された一方で、韓国に対しては敵対政策が続けられたのである。

（2）一九七二年から七八年までの「対朝鮮半島戦略の調整期」である。この時期、中国は主要敵のソ連に対抗するため、「副次的な敵をも含めて諸勢力との統一戦線を構成し、主要敵を孤立させる」という、毛沢東の「矛盾論」以来長年取られてきた戦術を続けていた。そこで、一九六九年から米中接近が始まり、中国と米国の間で「朝鮮問題の朝鮮化」が合意されると、中国は北朝鮮の武力統一方式に反対し、南北朝鮮の関係改善を呼びかけつつも、反ソ統一戦線の一環として、北朝鮮との関係を強化しつづけていたのである。その一方で、ソ連の北朝鮮への影響力が拡大し、両国の関係が緊密化すると、北朝鮮がソ連に傾きすぎないように、中国は「韓国カード」の使用を念頭に置いていただけでなく、対韓認識をも変更しつつあったのである。当該時期の中国にとって、韓国は「友人（米国）の友人」として、実際上、主要敵のソ連に対抗するための統一戦線の一部を成すものであったと考えられる。

（3）一九七八年から八二年までの「対韓政策転換期」である。益尾知佐子は中国の対外政策の再検討は漸進的かつ段階的なものであったと指摘した。[15] 益尾によると、中国の対外政策の再検討の最初の段階は一九七九年夏から八〇年春にかけてであり、つぎの段階が八〇年秋から八一年春にかけてである。そして、最後の段階が一九八一年春から八二年前半にかけてである、と益尾は主張した。中国の対朝鮮半島政策も中国の対外政策の再検討が始まった一九七〇年代末を前後に修正が模索されたが、八二年の初め頃からは「平和共存五原則」が対韓政策に適用されつつあった。一九七八年末から中国と韓国の間で行われていた里帰り交流、第三国を介して行われていた間接的な経済交流はもちろん、一九八〇年一月における黄華外交部長による内部報告の内容からも、中国の対韓政策の転換を確認することができる。

黄華外交部長は同年一月二五日に行った内部報告の中で、次のように述べた。「朝鮮半島は第二次世界大戦後二つに分断され、おのおの独立したこの二つの国家〔韓国と北朝鮮――引用者注〕は短期間の内に統一される可能性はないが、その片方は、かつては敵であったが友人の友人であり、もう一つは、かつては戦友であったが我々の敵の友人である。どのように我々とこの両者の間の関係を微妙に処理していくかは、ここ数年来外交部を最も悩ませている頭の痛い問題である。こうした問題がなければ、我々は外交部に専門的なグループを設置し、時々刻々朝鮮半島の外交政策および対北朝鮮関係を研究し、調整する必要がなかった」[16]

（4）一九八二年から九二年までの「対韓関係改善期」であるが、この時期はさらに八二年から九一年前半までの「対韓民間外交期」と九一年後半から九二年までの「対韓政府間外交期」に区分することができる。一九八二年九月、中国は国益と国家主権を重視する「独立自主の対外政策」を発表し、対外政策の転換を完成させた。「独立自主の対外政策」は、中国がすべての国との関係を「平和共存五原則」に基づいて構築し、あらゆる政治体制の外国政府とも関係改善を進めていくための制度的基盤であった。このような対外政策の転換は、対韓政策にも影響を与えた。中国は「平和共存五原則」の韓国への適用を、「民間外交」を通じて順を追って一九九一年初めまで段階的に実現させていった。そして、「民間外交」の展開によって一九九一年一月と四月にそれぞれ構築された交渉チャンネルを通じて、九二年八月二四日、中国は韓国との間で政治外交関係を発展させていったのである。

第2節　北朝鮮との「党際関係」の強化、持続

一九六〇年代末から中ソ関係が深刻な敵対関係に発展するにつれ、中ソ同盟関係を基礎に形成されていた中国・ソ連・北朝鮮の北方三角関係も崩壊し、既存の北方三角関係は北朝鮮を中心に、ソ連・北朝鮮関係と、中国・北朝鮮関係へと変質した。北方三角関係の崩壊とともに、中ソ両国にとって、北朝鮮の戦略的価値は高まりつつあった。中国は反ソ戦略の一環として米国、日本との関係を改善していく傍ら、北朝鮮がソ連に傾きすぎないように、その対米闘争を支持していた。中国が北朝鮮の対米闘争を支持したのは、中国が米国と関係改善をすることは、米国との闘争の必要性を強調している北朝鮮との関係を悪化させる危険性があったからである。[17]

一九七一年七月、キッシンジャー（国家安全保障問題担当大統領補佐官）の中国訪問と時を同じくして、「中朝友好協力相互援助条約」締結一〇周年の記念行事のため、中国は李先念副総理を団長とする代表団を北朝鮮に派遣した。李先念副総理は中国代表団歓迎宴において、「米帝国主義と日本軍国主義が欲に目がくらみ、向こう見ずにも侵略戦争を中朝両国人民とアジア各国の人民の頭上に再び押し付けてきたならば、彼らは必ずや自業自得となり、さらに悲惨な失敗に遭遇するであろう」と言明した。[18] さらに、同年七月一五日の告別宴において李先念は、「仮に米日反動派が軽挙妄動に出た場合、彼らは必ず中朝両国人民とアジア各国人民の厳重な懲罰を受けるであろう。勝利は必ず中朝両国人民とアジア各国人民の側にある」[19]と述べた。また、同日に周恩来は自ら平壌を訪れてニクソン訪中とキッシンジャーの秘密訪中について金日成《キムイルソン》に直接報告を行った。[20]

その後、中国と北朝鮮の間では両国指導者・使節団の相互訪問以外にも、経済・軍事交流が活発に行われた。

一九七一年八月一五日、北朝鮮の鄭準沢《チョンジュンテク》副首相を団長とする経済代表団が中国を訪問した際、両国の間には経済協力協定が結ばれた。[21]さらに、同月一八日には、朝鮮人民軍総参謀長呉振宇《オジヌ》を団長とする軍事代表団が中国を訪問した。その際、黄永勝中国人民解放軍総参謀長は同代表団に対して、北朝鮮の四大軍事路線について高く評価しただけでなく、両者の間では軍事協定が締結されたのであった。[22]すなわち、中国は一九七〇年代初めにおいて、「米帝国主義者」に対する北朝鮮の闘争を高く評価することを通じて、北朝鮮との関係の強化を図ろうとしたのである。

南北統一問題で北朝鮮を画一的に支持

中国は北朝鮮に対して、「米帝国主義者」への共同闘争を呼びかけただけでなく、朝鮮半島の統一問題が朝鮮半島南北間の問題、ひいては北朝鮮の国内問題であることを強調しつつ、朝鮮半島の統一方式に関して、北朝鮮の立場と政策を支持することを通じて、中朝関係の緊密化を図った。さらに、朝鮮半島統一問題に関する北朝鮮の政策が変化するたびに、中国は随時、北朝鮮を支持した。言い換えれば、朝鮮半島統一問題について、中国は北朝鮮が主張し、あるいは反対したすべての観点について、公式に画一的で批判なしの支持を与えたのである。

朝鮮半島統一問題に対する中国の認識については、黄炳茂の研究[23]が詳細をよく説明している。まず、中国としては、朝鮮半島統一問題における一次的な阻害要素は、米帝国主義の侵略と干渉であり、二次的な阻害要素は米帝国主義と共謀する南朝鮮当局者のサボタージュであった。つぎに、中国にとって、南北対話は南北間の緊張緩和のための措置として意義があるというよりは、南北間の統一のための新しい闘争のスタートであり、特に、南北双方が外部勢力を排撃し、統一問題を議論することのできる良い機会であった。また、中国は北朝鮮の「自主、平和、民族大団結」の統一方案を全面的に支持しているが、その中でも自主的統一方案を積極的に支持するとの姿勢を示した。さらに、中国は「二つのドイツ方式」には賛成するが、「二つの朝鮮」の捏造には積極的に反対する。最後に、統一問題に関して中国が会談を提案するかどうかの問題は北朝鮮の立場によって決められる。

アメリカのアジアからの撤退を示唆するグアム・ドクトリンとそれに続く米中接近に象徴される一九六〇年代後半から七〇年代初めまでの朝鮮半島を取り巻く国際関係の構造的変化は、金日成が第五回党大会で確認した「統一への平和的移行はありえない」とする北朝鮮の対南政策に大きな修正を迫るものであった。[24]こうした変化に直面し、北朝鮮としては国際社会の潮流に乗って地域革命の枠内で韓国との「闘争」を続ける以外の方法はなかった。[25]しかもその「闘争」は武力を用いたものではなく、平和的な方法によらなければならなかった。[26]

一九七一年八月六日に開催されたシアヌーク（カンボジア前国家元首）歓迎平壌大会で、金日成は韓国の与党民主共和党を含むあらゆる政党、大衆団体、個人と接触する意思があることを明らかにし、同年九月から南北赤十字会談が板門店で開催されることとなった。[27]その後、同年一一月からは南北赤十字会談とは別に、政治問題を討議するための秘密交渉が南北間で開始された。

そして翌一九七二年七月四日、平壌とソウルで同時に李厚洛《イフラク》韓国中央情報部長と金英柱《キムヨンジュ》朝鮮労働党組織指導部長の名義で南北共同声明が発表されたのである。[28]南北共同声明では「自主、平和、民族大団結」の統一についての三原則が確認されたほか、信頼醸成のために相互に誹謗中傷を中止し、多方面にわたる交流の実施やソウル―平壌間の直通電話設置などが確認され、これらの合意事項の推進および統一問題を解決するために南北調節委員会を発足させることが明らかにされた。[29]

この南北共同声明に対して、中国はきわめて好意的な反応と支持を示した。一九七二年七月九日付の『人民日報』の社説では、南北共同声明を北朝鮮の勝利として評価しながら、「現在、朝鮮人民自らがすでに祖国の自主平和統一を模索する道を開いた。それゆえ、米帝国主義者が朝鮮内部の問題に対して干渉する口実はなくなった。

米国は南朝鮮に駐留するすべての軍隊を撤退させねばならず、同時に日本軍国主義勢力が南朝鮮での活動を続けることをやめさせねばならない[30]」と評した。

南北共同声明に基づいて、南北対話が続く最中の一九七三年六月二三日、韓国の朴正熙大統領が「平和統一外交政策に関する特別宣言（六・二三宣言）」を、金日成が「祖国統一五大方針[31]」を発表した。統一問題と、そこへ至る過程についての南北朝鮮双方の思惑の根本的な差異は、韓国が南北国連同時加盟を主張したのに比べ、北朝鮮は南北両政権が二つの国号でそれぞれ国連に加盟することは朝鮮半島に二つの政権が存在することを国際社会に認めることになるため、「高麗民主連邦共和国」を単一国号として国連に加盟することを主張した点に見られた。

金日成が南北統一問題に関する同方針を発表した直後、中国は北朝鮮の主張に対して歓迎と全面的な支持を表明すると同時に[32]、「台湾省はもともとわが国の神聖なる領土の不可分の一部分である。（中略）台湾解放を実現し、祖国の統一という歴史任務を実現しよう[33]」と、台湾統一問題と朝鮮半島統一問題を結びつけて言及したのである。しかし、南北共同声明を契機として開始された南北対話には、実質的な進展がみられなかった。

その理由は、第一に南北調節委員会に関して、韓国が信頼醸成に重点を置いたのに対して、北朝鮮が外国軍の撤退などを重要な議題としたため両者の間に接点を設けることができなかったためであった。また第二に、赤十字会談についても、韓国側が人道問題に議題を限定しようとしたのに比べ、北朝鮮側が韓国の反共法撤廃問題などを議題にしようとしたため、やはり接点を見つけることができなかった[34]。さらに、上で述べたように、統一についての南北双方の認識の相違も重要な理由の一つであった。

南北対話が行き詰まりを迎えた一九七四年三月二五日、北朝鮮の最高人民会議第五期第三次会議は、朝鮮半島の緊張を解消し、自主的平和統一を促進するための前提条件をつくる問題に関して討議を行った後に、「米国議会に送る書簡[35]」を採択し、米国に対して平和協定締結を提案した。これを契機に、これまで一貫して韓国との間で平和協定を締結することを提唱していた北朝鮮は、「朝鮮半島が統一されず、今日のような緊張した情勢と戦争の危険に直面するに至ったことの主要な責任は、米国政府当局にあり」、「米国は緊張と戦争の危険の元凶である」と、対米認識を一変させ、米国との直接交渉を試みるようになったのである。しかし、米国はあくまで南北関係を優先させようとし、北朝鮮との直接交渉に応じることはなかった。このような状況の下で、中国は北朝鮮の対米直接交渉に全面的な支持を与え、「米国政府はいかなる理由で回避するのか」と米国政府を非難したのである。[36]

ソ連・東欧の対韓交流に批判的に対応――一九七〇年代

一九七〇年代において中国が北朝鮮との関係を強化しようとする試みは、ソ連・東欧の対韓交流に対する中国の批判からも読み取ることができる。一九七〇年代初め、ソ連政府は韓国との交流に慎重であったものの、七三年八月一五日にモスクワで開かれる夏季ユニバーシアード大会に韓国選手団を正式に招待した。[37]また、一九七四年一〇月一九日、モスクワのレーニン図書館との間で資料交換をしたいとの韓国側の呼びかけに応え、ソ連政府は五冊の資料を韓国国会図書館に送り、その後、両者の間にはさらなる資料交換が合意された。[38]これらは、一九七〇年代初めに北朝鮮と中国との過度の接近を牽制するため、ソ連が用いた「韓国カード」であった。[39]中朝関係の強化をよく反映しているように、在イタリア・ソ連大使館のピシュギン文政官は、「韓国とは異なり、北朝鮮は最近中国という外国勢力の影響を大きく受けており、この事実が北朝鮮の自主的な立場を損なわないかとても心配だ。北朝鮮の態度が、頑固で理解しがたい中国にとても似ている」と述べ、北朝鮮に対する中国の影響力を憂慮していた。[40]

上で述べたような非公式ながらも活発に行われた韓ソ交流について、中国は「ソ連修正主義者は実際上、朴正熙集団が朝鮮の自主平和統一を阻害する犯罪の支持者であり、『二つの朝鮮』を捏造する陰謀的参加者である」と非難しつつ、「中国は朝鮮人民の自主平和統一の正義ある闘争に堅い支持を一貫する。我々は過去も、現在も、さらに将来にも朴正熙集団といかなる関係をも持たない」と表明した。[41] さらに、中国は一九七四年一一月一〇日付の『人民日報』による評論を通じて、「最近ソ連のタス通信が、中国が南朝鮮と『貿易契約』を結び、一一月には南朝鮮に一千トンの唐辛子を提供することに同意したと、でたらめなことを報道した」[42] とソ連を厳しく批判したのである。

一九七〇年代後半に入ると、中国と北朝鮮の間の党と指導者間の交流も一層強化された。一九七八年九月、鄧小平が訪朝した際、鄧小平は金日成に対して、中国国内でまだ承認されていない「四つの現代化」の構想を語り、同構想の実現のために「戦争」を遅らせる方法についても二人の間で議論が行われた。しかし、一九七〇年代を通じて、中国と北朝鮮は関係が強化された一方で、いくつかの問題においては認識の不一致も生じはじめた。

まず、社会主義陣営の存在と反帝国主義闘争における優先順位に関する問題である。社会主義陣営について、中国はその存在を否認しているが、北朝鮮は認めていた。反帝国主義・覇権主義闘争[43]においても、中国は闘争の優先順位を社会帝国主義、すなわちソ連の覇権主義の膨張への抵抗に重点をおいたが、北朝鮮は対米闘争を主要目標として設定していた。一九七四年六月二五日付の『人民日報』の社説において、米帝国主義に関しては一回しか言及されなかったのに対して、ソ連社会帝国主義については六回にわたって批判が行われた。[44] そして、ベトナム戦争が終結した直後に、金日成が北京を訪問した際、祝賀演説で鄧小平は覇権主義を一一回にわたって非難したが、米帝国主義についてはただ三回言及しただけであった。これと対照的に、金日成は覇権主義に対する非難を避けたが、米国については一三回以上も非難したのである。

つぎに、駐韓米軍の存在についてであるが、北朝鮮が駐韓米軍の存在を朝鮮半島で緊張を生み、戦争をもたらす危険な要素と捉えたのに対し、中国は駐韓米軍を朝鮮半島の内部問題に干渉し、朝鮮半島の分断の構造を永久化させる妨害要素として捉えたものの、朝鮮半島の平和と北東アジアの安定に寄与する存在であると従来の対駐韓米軍認識を改めはじめた。

一九七三年にキッシンジャーは、対中関係を発展させ、制度化することによって、効果的にソ連に対抗するためには、アジアにおける強力な米軍の駐留が欠かせないとニクソン大統領に建議を行っていた。キッシンジャーは「中国にとって受動的な米国は役に立たない。毛と周はより積極的な米軍の存在を望んでいる。（中略）もし我々が内側に向かってしまうと、中国は対米姿勢を急激に変えるだろう。（中略）今、中国は確実に我々との『暗黙の同盟』への道を決めた[45]」と述べたのである。

さらに、朝鮮半島統一の方法をめぐっても、中朝の間では認識の齟齬《そご》が存在した。一九七五年四月、サイゴン（現ホーチミン）陥落の直前に、金日成は党・政府の代表団を率いて中国を訪問した。歓迎会で金日成は、「南朝鮮でいったん革命が起これば、我々は積極的に南朝鮮人民を支援するつもりだ。同一民族として拱手傍観するわけにはいかない。もし、敵が軽率に戦争を引き起こしたら、我々は断固戦争で応え、侵略者を徹底的に消滅させる。この戦争で我々が失うのは軍事境界線であり、祖国の統一を勝ち取るだろう[46]」と述べつつ、中国の支持を求めた。しかし、同年四月二六日に発表された「中朝共同コミュニケ」には、「中国は朝鮮人民の自主と祖国の平和統一のための正義なる闘争を断固支持する。また、米帝国主義の『二つの朝鮮』政策を非難し、国連軍司令部の解散、南朝鮮からの米軍の撤退を強く要求した[47]」と述べただけで、北朝鮮が主張する武力統一については言及しなかったのである。

その後の一九七九年の中越戦争後の約半年の間に、中国の指導者はそれまで対外政策の至高の理念として掲げてきた国際共産主義運動の遂行を断念する決定を行い、階級ではなく主権国家こそが国際関係の行為主体であるとみなして、対外認識を再構築しはじめた[48]。「党際関係」について、一九八〇年一一月二四日、スペイン共産党代表団との会見で鄧小平は「党と党の関係は、つぎの二つの原則を堅持すべきである。一つ目の原則は、党と党の関係は兄弟党の関係であり、親子党の関係ではない。二つ目の原則は、いずれの国家の問題についても、その国のマルクス主義者と共産主義者が自分で判断すべきである」と主張しつつ、その二つ目の原則については「我々の自覚はかなり遅かった」と述べ、兄弟党との関係においても国家間関係が優先する原則を改めて認めていたのである[49]。

対北朝鮮「党際外交」の性格が変化——一九八〇年代

しかし、党と国家間関係のうち党の関係が重視されてきた中朝関係において、中国は一九八〇年代においても、「国家間外交」より「党際外交」を優先した。ただし、ここで注意しなければならないのは、一九八〇年代における中国の対北朝鮮「党際外交」は従来のそれに比べると、性格上大きな変化が起きたことである。すなわち、それまでの「党際外交」の究極的な目標が世界革命、つまり国際共産主義運動の遂行にあったのに対して、一九八〇年代における「党際外交」は朝鮮半島の平和と安定の追求と朝鮮半島に対する影響力の確保にあったと考えられる。

一九八一年四月、鄧小平と金日成は中国・瀋陽で会談を行い、鄧小平は国内でまだ起草中であった「建国以来の党の若干の歴史問題に関する決議」について金日成との間で意見交換を行った[50]。さらに、香港返還問題についても、一九八二年四月にイギリスのヒース首相が訪中した直後に鄧小平と胡耀邦が北朝鮮を訪問し、イギリスとの交渉状況と中国の方針について、鄧小平は二回にわたって金日成に細かい説明を行った[51]。

当該時期の中国の対北朝鮮「党際外交」は、北朝鮮との間で活発な指導者による相互訪問以外にも、朝鮮半島の安全保障および統一問題に関する北朝鮮の立場と政策にそれぞれ支持を与える形で展開された。例えば、一九八四年一月一〇日、北朝鮮の中央人民委員会と最高人民会議常設会議は、平壌で連合会議を開き、朝鮮問題の平和的解決のため米朝両国に韓国を加えた「三者会談」の開催を提案することを決定し、「米国政府・議会および韓国当局に送る書簡」を採択した。[52] また、同年一月二五日から二七日にかけて最高人民会議第七期第三回会議が開かれ、連合会議での決定が再確認されるとともに、「朝鮮で平和の保障を準備し祖国の自主的平和統一を促進することについて」と題する決定が採択された。[53] 北朝鮮の最高人民会議で三者会談提案が決定された翌日の一月二八日に、中国外交部スポークスマンは「三者会談提案は朝鮮半島の緊張を緩和する上で有利であり、南北朝鮮の平和統一を促進するということについても有利である」と、積極的な評価を与えている。[54] さらに、ソウル・オリンピック参加申請を一ヶ月後に控えた一九八七年一一月末、オリンピック単独開催を阻止するための北朝鮮の犯行とされた大韓航空機爆破事件について、中国は国際テロ活動には反対するとしながらも、「朝鮮南北双方はこの事件についてすでに自らの声明を発表している。われわれはこれ以上評論を加えるつもりはない[55]」と、慎重な反応を示した。

一九八〇年代において最も中朝関係を緊密化させたのは、八九年六月に中国で発生した天安門事件であった。同年六月一一日、北朝鮮は『労働新聞』で「米国の対中経済制裁は内政干渉である[56]」と非難した。また、金日成は「我々は中国の党と政府が最近取ったすべての措置を支持している[57]」と表明した。天安門事件で西側先進諸国から経済制裁を受け、国際的孤立を強いられた中国にとって、北朝鮮からの支持は歓迎されるものであった。その後、一九九〇年九月の南北総理級会談、および九一年一月から開始された日朝国交正常化交渉についても、中国は積極的な評価を与えるに至った。後述するように、一九八〇年代におけるさまざまな中韓交流は民間レベルに限って行われたが、それは中国と北朝鮮との緊密な「党際関係」の影響を受けたからであった。

第3節 「平和共存五原則」の対韓外交への適用

一九五六年のイデオロギー論争から生じた中ソ対立は、六九年に入ってからは国境における武装衝突にまで発展した。文化大革命の開始以降、中国はソ連を単純な意識形態における「修正主義者」として位置づけただけでなく、「社会帝国主義者」としても認識するようになった。[58]

中国は一九七三年三月の「昆明文件」において、戦略構想を安全保障と革命の両方面に分類し、安全保障の面では反ソが重視されたが、革命の主要目標としては依然として米国が重視された。[59] しかし、当時の中国にとって、安全保障問題は革命問題より切迫した課題であったため、一九七三年八月における中共一〇全大会以降は、ソ連を「主要敵」と設定し、ソ連社会帝国主義者に対抗するために、国際反ソ統一戦線戦略を展開したのである。[60] 一九七三年二月一七日、毛沢東はキッシンジャーとの会談で、「一条線、一大片」[61]の反ソ戦略構想を提起し、翌年二月にはザンビアのカウンダ大統領との会談で、「三つの世界論」[62]を提起するに至った。[63]

朴斗福教授が指摘しているように、中国にとってソ連が主要敵に一変した状況の下で、韓国は第一の敵であるソ連を打倒するための確保すべき同盟勢力あるいは協力国の米国、日本の友であるという意味から友好国へと転換し、またかつての米国を主要敵として展開された戦略下における敵対勢力から新しい敵対国であるソ連に対抗する牽制力の一部として位置づけられるようになったのである。[64] とりわけ、中国がソ連に対抗するための日米中の戦略的協力に積極的な姿勢を見せればみせるほど、韓国は牽制力の実質的な一部になり得た[65]と推測できる。

しかし、主要敵が米国からソ連へと移行し、広範な意味において韓国が対ソ牽制勢力として浮上してきたにもかかわらず、北朝鮮への影響力を増すソ連との競争で優位に立つために、中国としては韓国との接触、交流や関係改善を避けねばならず、韓国との接触を忌避すること自体が北朝鮮との関係を強化するための重要な手段[66]の一つとして浮上した。中国は北朝鮮の主張に同調して、韓国への非難を続けていただけでなく、一九七〇年代初めから関係改善を呼びかけている韓国のアプローチに対して冷淡な態度で対応した。

例えば一九七一年八月、韓国の金溶植《キムヨンシク》外務部長官は国会で「もしソ連と大陸中国が韓国に対して敵対的な行動をとらなければ、大韓民国政府もこれらの国々と外交関係を樹立する意思を持っている[67]」と述べた。また、一九七二年五月一六日には、朴正熙大統領は「たとえ社会体制が異なったとしても、敵対的な行動をとらなければ、相互主義と同等性という観点から、彼ら〔共産圏諸国――引用者注〕と協力する[68]」との声明を発表した。

一九七三年六月二三日、朴正熙大統領は「平和統一外交政策に関する特別声明（六・二三宣言）」を発表し、「理念と体制の異なる国家」に対して門戸を開放することを明らかにし、社会主義国家との関係改善の意思を表明した[69]。「六・二三宣言」を受け、韓国外務部（現外交部）は中国との関係改善において、フランス、カナダ、米国、日本などの第三国を介して関係改善の意思を中国に伝えると同時に、国際会議の場で中国代表団との直接交流を図るなど、さまざまなルートを通じて対中接近を試みた[70]。さらに、韓国は大陸棚の境界画定問題、漁業問題など、両国の間に存在する懸案問題の解決を契機に、中国との接近を試みた[71]。

しかし、中国は韓国の対中接近にそっけない態度で対応し、韓国との接触・交流を拒否しただけでなく、大陸棚の境界画定問題、漁業問題をめぐっては対韓非難声明を出した。例えば、中国は外交部スポークスマンの声明を通じて、一九七四年一月三〇日に日本と韓国が大陸棚の共同開発に関する協定を結んだことについて、「中国政府は大陸棚の自然延長原則により、東海（東シナ海）大陸棚の境界は中国と関連諸国の協議を通じて画定すべきであると考える。現在、日本政府と南朝鮮は中国に隠れて、いわゆる『共同開発区』を画定したが、これは中国の主権を侵す行為であり、中国政府は絶対に同意することができない」と非難した[72]。また、同年五月一二日には、東シナ海の海域における中国と韓国の漁業船の衝突について、中国は「南朝鮮の暴行はわが国漁民の憤慨を引き起こした。南朝鮮のこれらの作為は明々白々な海賊行為であり、我々は厳しく抗議する」と表明した[73]。

その一方で、韓国との接触・交流を忌避あるいは禁止していた中国の態度にも、一九七〇年代に入ってから徐々に変化が現れた。一九七〇年代初め、中国政府の韓国に対する態度の変化は中国政治指導者の発言や公式文献からは見当たらないが、中国共産党機関紙の『人民日報』の記事、社説における韓国の呼び方の微妙な変化から読み取ることができる。一九七〇年代に入ってから、中国は従来の「南朝鮮偽政権（偽総理、偽軍）」「南朝鮮傀儡集団（傀儡政権）」という呼称を控え、「南朝鮮」「南朝鮮当局（政局）」へと呼び換えたのである[74]。

一九七〇年代前半、中国が韓国を従来の「偽政権」ないし「傀儡集団」と表現するのは、米韓軍事同盟の強化によって朝鮮半島の平和と安定が脅かされると認識した場合や、北朝鮮の新聞記事を直接引用したり、北朝鮮関連の内容を報道する際に限定された。例えば、一九七一年三月八日付の『人民日報』は、「米・朴集団が南朝鮮で挑発的軍事演習を行っている」との標題で、「米帝国主義侵略者と南朝鮮傀儡集団は朝鮮半島北側に標準を合わせて挑発的軍事演習を行った。これは米帝国主義が朝鮮半島で改めて戦火を交わそうとする罪深い陰謀であり、朝鮮民主主義人民共和国政府と国民の厳しい譴責を受けた」と米韓軍事演習を非難した。また、一九七二年六月二五日付の「韓瀅玉《ハンヒョノク》少将が朝鮮軍事停戦委員会で南朝鮮傀儡集団の挑発活動に厳しく抗議する」という標題の同紙記事は、軍事境界線における韓国の軍事挑発に関する、北朝鮮中央通信社の報道内容を直接引用したものであった。さらに、同年七月二一日付の同紙でも、「崔元哲《チェウォンチョル》上佐が朝鮮軍事停戦委員会事務局長会議で米国・南朝鮮傀儡集団が停戦協定に違反したことに抗議」を標題に、米国、韓国の軍事境界線での軍事行為に対する北朝鮮の抗議について、北朝鮮中央通信社の報道内容を直接引用して報道した。

『人民日報』の報道以外にも、一九七三年に韓国の共産圏諸国に対する郵便門戸開放政策に対して、中国政府がそれを受け入れたことによって、翌年九月一日から両国の間で第三国を通じての書信往来が可能となったこと[75]も、中国の対韓認識の変化の一環として解釈することができる。それにもかかわらず、上でも述べたように、一九七〇年代に入ってから中国は対韓認識を徐々に変更したものの、北朝鮮との関係が優先視されたため、韓国に関する中国の公式的な報道や政府指導者の発言は依然として批判や非難が中心を成していた。

対外政策の見直しと対韓政策の転換

しかし、一九七八年に入ってから韓国に対する中国の態度に著しい変化が生じはじめた。一九七〇年代前半までの態度とは対照的に、七八年初めから、中国は経済分野に限ってではあるが、公式的に韓国について言及しはじめたのである。『鄧小平年譜』をはじめとする中国の公式文献からそれを確認することができる。

例えば、谷牧の回顧録によれば、一九七八年三月に日本を訪問した中国経済代表団が日本政府に対して韓国の馬山および台湾の高雄輸出加工区に関するブリーフィングを要請したのである[76]。また、同年夏における国務院務虚会においても韓国の対外経済政策が取り上げられた[77]。これらに加えて、一九七八年五月三〇日、鄧小平は李強や胡喬木らとの会談で、「現在、東アジアには四つの『小さい虎』がいる。それらは、南朝鮮、台湾、香港、シンガポールである。彼らは経済発展が速く、対外貿易の拡大も非常に速い。彼らがみな経済をあれほど速く発展させているのに、我々にできないというのか[78]」と焦りを募らせる発言をしていた。総じて言えば、一九七〇年代後半における韓国経済への中国指導部の注目は、七七年一一月を境に中国の指導者たちの関心が政治から経済に移行したこと[79]によってもたらされた結果であった。

その一方で、中国では一九七〇年代末から対外政策の見直しが開始されたが、八二年に「独立自主の対外政策」の提起を契機として、対外政策の転換を完成させるに至った。「独立自主の対外政策」は、中国が「主要敵」への対抗を軸にすべての対外政策を定める方針から、一つひとつの国際問題について個別に態度を決める方針へと転じたことを意味するものであった[80]。また、「独立自主の対外政策」の柱としての「平和共存五原則」の適用範囲が「一切の国家」となっていたため、敵国であった韓国に対しても敵対政策を中止し、関係改善の道を探らなければならなかった。

「独立自主の対外政策」の発表と同時に、中国はまず米国との共同コミュニケに関しては妥協して交渉をまとめる一方で、ソ連とは限定的な関係改善を図った。一九八二年三月二四日、ソ連のブレジネフ書記長がタシケントで演説を行い、中国に対して関係改善のために前提条件なしの交渉を行うことを提案した。ソ連の関係改善の呼びかけに対し、中国は一九八二年八月に密使を派遣することを通じて、同年一〇月に中ソ両国の間で次官級の政治協議が開かれた。両国間の話し合いはソ連側で指導者の死去が相次いだためになかなか進展しなかったが、中国側はそのたびにソ連に派遣する弔問団のランクを引き上げ、新政権との関係改善の意向を表明しつづけた[81]。そして一九八五年、ゴルバチョフがソ連共産党書記長に就任すると、鄧小平の働きかけもあって両国関係は急速に進展した。ソ連は「三つの障害[82]」の除去に応じ、一九八九年五月にはゴルバチョフが訪中し、鄧小平と会見することによって、両国・両党関係は正常化を実現したのである。

以上でも述べたが、一九八〇年秋から八一年春にかけて、毛沢東から引き継いだ「一本の線（一条線）」戦略、ソ連による世界戦争の策動の可能性を過度に強調した現状認識やソ連に対する強硬で画一的な対応が、限定的ながら、中国政府内部で見直されつつあった。中国の対ソ認識の変化が一九八〇年秋から生じている以上、中ソ対立を前提にして強化された中朝関係およびソ連、中国、北朝鮮の北方三角関係における北朝鮮の戦略的価値は、中国にとって低下せざるを得なかったのである。さらに、一九七〇年代初めの米中接近によってもたらされた、対米安全保障についての中朝双方の認識の共有の形骸化[83]と朝鮮半島での紛争発生の可能性が低下し、体制の安定を確保する方法をめぐる立場に相違が生じたことも、中朝関係にマイナスの影響を与える要素であった。[84]

要するに、第一に、ソ連に対する中国の認識の変化によって、中国の対朝鮮半島政策における行動半径が広がったことと、第二に、一九七〇年代末からの「平和共存五原則」に関する変更点の延長線上に、中国が朝鮮半島南北の国家を平等に処理していくという可能性がすでに提示されたことが、中国の対韓政策の転換を可能にしたのである。[85]

北朝鮮の対ソ傾斜を防ぐための「韓国カード」

ここで注意しなければいけないのが、中国の対韓政策の転換が対外政策の見直しとほぼ並行的に行われたことである。繰り返しになるが、一九七七年一一月を境に中国の指導者たちの関心が政治から経済に移行し、七八年二月から三月の第五期全国人民代表大会（以下、全人代と略）第一回会議で、先進国からの大規模プラント設備の導入を前提とする国民経済発展十ヵ年計画が採択された。さらに、鄧小平の指揮の下でそのような「近代化構想」がより大きな対外開放構想として発展した。これらの進展が中国の対韓政策の変化の背景として指摘することができよう。

一九七八年五月初めに「資本主義国家の先進的な経験、良い経験は、われわれもよく学んで自分のものにしなければならない」として谷牧らを西欧五ヶ国への視察に派遣したことや、その直後の五月三〇日午前、鄧小平は李強や胡喬木らとの会見で、「やはり『四小龍』のように貿易を拡大せよ」と指示を出したことから、中国が韓国の経済発展に注目していることが確認できる。[86] さらに、一九七八年一〇月一八日の国務院会議では、華国峰が経済建設の速度を上げていくべきとする中央常務委員会の提案に言及すると、[87] 鄧小平はこれに強く賛同し、石油や石炭の輸出を増やして、海外から先進的な技術設備を導入し、経済建設の加速化を実現すべきと主張した。[88]

一九七九年に中韓両国の間で最初にエネルギー協定が結ばれたことから考えると、中国は韓国の経済発展モデルのみに関心を寄せただけではなく、韓国との貿易も考慮していたのである。中国が対韓貿易に関心を示しはじめたのは、一九七三年の第一次石油危機以降、石油価格が急騰した時期であった。周恩来のような現実主義的な指導者は、経済発展に必要な外国からの技術、プラントの導入資金獲得のために、中国の豊富なエネルギー資源を活用することを決定した。その結果、中国は世界石油市場に石油輸出国として参入し、さらに一九七五年に石炭の輸出も開始していた[89]。この点に関してより詳細に見れば、一九七九年から中国と韓国の間では香港を通じて中継貿易が開始されており、中国の対韓輸出品目の中で鉱物性燃料とエネルギー関連品目（主に石炭）が主要な部門を構成していた[90]。一方で、韓国は一九七三年の第一次石油危機以降、エネルギーの安定供給をエネルギー政策の重要な目的と設定していたのであった[91]。

周知のとおり、一九七〇年代初めまで中国の企業は彼らの製品が韓国に輸出される場合の貿易交流を忌避しただけでなく、香港または日本の会社との間でも韓国との関連がある契約ならば結ばないという立場に固執してきた。中国の対韓禁輸政策は一九七〇年四月、周恩来と松村謙三の間で締結された「中日貿易四原則」から確認することができる。「中日貿易四原則（周四原則）[92]」とは（1）南朝鮮、台湾を援助しようとしているものとは貿易できない（2）台湾、南朝鮮の企業に投資しているものとは貿易をしない（3）ベトナム、ラオス、カンボジアへの米国の侵略戦争のために武器を送っているものとも貿易しない（4）日本における米系合弁企業とも貿易をやる意志がないとの内容を含むものであった。「中日貿易四原則」の内容に当ててみると、香港を通じた中国と韓国との間の中継貿易は、中国の対韓認識の転換を意味するものであった。すなわち、中国の対韓経済的動機、別言すれば商業的動機が一九七〇年代末における中国の対韓認識の転換をもたらしたのである。

ところが、以上で述べたように、中国が韓国の対外経済政策および経済発展モデルに大きな関心を寄せ、それが中国の対韓敵対意識を薄め、好感度を高めたことは間違いないが、一九七〇年代初めから日本、米国をはじめとする先進諸国との経済関係が順調であり、対西側経済依存を強めた中国にとって、韓国との経済交流はそれほど切迫した問題であったとは考えにくい。第2章で詳しく分析するが、韓国に対する認識がすでに転換されつつあった状況の下で、一九七〇年代末において中国の対韓接近をもたらした最も大きな理由は、アジア太平洋地域に進出しているソ連の北朝鮮への影響力の拡大を阻止し北朝鮮の対ソ傾斜を防ごうとした中国が、北朝鮮への影響力行使に限界を感じていたため、「韓国カード」を使うことを通じて、北朝鮮に注意を促そうとしたことであった。

上述のように、一九七〇年代末、中国は対韓政策を転換させつつあったが、対韓接近に踏み切るにあたって、二国間レベルでの直接交流ではない、国際ルールに基づく国際機構への協力や国際行事への参加などの枠組みを主に利用した。これは疑いもなく、中韓交流によって、北朝鮮をソ連側に追いやる逆効果を避けたいという中国の思惑の産物であった。通常、その先駆けとしては、国際赤十字社の仲介により、一九七八年一二月一八日に第一号が実現した中国朝鮮族住民の韓国への里帰りが取り上げられる。[93]

小　結

以上のような考察を通じて、本章では以下のような点を明らかにした。

まず、一九八二年九月の「独立自主」外交の発表を契機として、中国において「平和共存五原則」が社会主義諸国を含むすべての国家に適用されることは明確となっていたが、北朝鮮には適用されず、中国と北朝鮮の間には、階級主義政党指導者間の個人的信頼関係を重視する「党際関係」が継続されていたのである。

「唇歯の関係」「血盟関係」と表現される中国と北朝鮮の特殊な関係、すなわち、中朝「党際関係」は、そもそも抗日闘争の経験と朝鮮戦争への中国の介入によって形成された。そして、一九五〇年代から六〇年代前半にかけて、中国は北朝鮮とともに祖国統一という革命の課題を抱えていたが、両者にとって「革命の敵」が共通して米国であったため、対米安全保障問題は当該時期の中朝「党際関係」の強化をもたらした主な要因であった。

しかし、一九六〇年代後半から七〇年代初めにかけて行われた米中接近によって、対米安全保障についての中朝両国の間で共有されていた認識が形骸化していくなかで、中国は北朝鮮の対米闘争を支持し、朝鮮半島統一問題における北朝鮮の主張に批判することなく一貫して支持を与えることを通じて、北朝鮮との関係を強化しようとした。一九六〇年代後半から七〇年代後半において展開された中国の対北朝鮮「党際外交」は、対ソ統一戦線を強化するためのものであった。ところが、一九八〇年代に入り、中国は対外政策において、八〇年末までに「一本の線」戦略を放棄し、イデオロギー的束縛から抜け出すようになると、中国の対北朝鮮「党際外交」の目標にも変化が現れた。すなわち、一九八〇年代において、中国は朝鮮半島の平和と安定の維持および朝鮮半島に対する影響力の確保を追求しようとしたのである。

つぎに、一九七〇年代後半における対韓認識の変化に加えて、七〇年代末から始まった対外政策の転換の影響を受け、中国は「平和共存五原則」を対韓外交に適用する可能性について検討しつつあった。そして、一九八二年前後を境として、中国は対韓外交において正式に「平和共存五原則」を柱とする「国家間外交」を適用しはじめるに至った。しかし一方で、中国は北朝鮮との関係において「党際関係」を強化、維持しようとしたため、中韓関係の進展は制限を受けざるをえなかったのである。

要するに、中国は一九七〇年代末から主権国家中心的アプローチに傾きつつ、韓国に対して「国家間外交」の適用の可能性を模索しつつ、同盟国の北朝鮮に対しては「党際外交」を展開しつづけたが、対朝鮮半島政策におけるこのような「二元構造」の下で、中国にとって韓国との関係を発展させるには、「民間外交」の道しか存在しなかったといえるのである。

第2章　「人道外交」の展開と非公式接触の開始
——中国朝鮮族住民の韓国への里帰りを中心に

　第二次世界大戦が終結して以降に建国し、一切交流を持たなかった中国と韓国は、一九七八年一二月一八日から始まった中国朝鮮族[1]（以下、朝鮮族と略）の韓国への里帰りを契機に、初の交流を実現させた。[2]この「里帰り交流」[3]がきっかけとなり、一九八〇年代初めから中国と韓国の間では国際行事、国際会議などさまざまな分野において非公式・非政府間交流が行われたが、このような非政府間交流は当該時期における中韓関係の発展に重要な役割を果たした。

　本章では、主に政府レベルにおける政治、外交、経済、貿易などの分野にのみ焦点が当てられたこれまでの先行研究[4]とは異なる新しい分析視角、すなわち、非政府レベルの里帰り交流に着眼点を置く。そして、中国が一九七〇年代末から八〇年代初めまで、なぜ、そして、どのように韓国との交流を実現させ、発展させていったのかを分析し、非政府間交流が中韓関係の進展にいかなる影響を与えたのかを明らかにすることを目的とする。

　以上のような目的を達成するにあたり、本章は一九七八年から八四年までの間に、中国と韓国の間で行われた「里帰り交流」と「スポーツ交流」を事例として取り上げたが、その中でもとりわけ中韓交流のスタートとして位置づけられる「里帰り交流」を中心に分析を行う。一九七〇年代末に中国が韓国との交流に踏み切るに際して「里帰り交流」を展開した理由として、まず、当該時期における中国にとって、韓国側が提案した朝鮮族の里帰り問題は国際社会における自らのイメージを好転させる機会であったことが挙げられる。それと同時に、「里帰り交流」は一九七〇年代初めから韓国との間で赤十字会談を続けてきた北朝鮮からの反発を抑えられる問題であったためである。以上のような理由から中国は韓国側の「里帰り交流」の提案を比較的に容易に受け入れることができ、対韓交流もより容易に実現したわけである。本章では、さらに「里帰り交流」を発端に接触を図った中国と韓国が、いかに諸阻害要因を克服しつつ、交流を拡大させていったのかを「スポーツ交流」を通じて考察する。

なお、本章では、近年公開されつつある韓国外交部の外交文書と、中韓「里帰り交流」を研究するに際してこれまで参照されてこなかった大韓赤十字社の刊行物である『赤十字消息』と『離散家族捜し六〇年』、そして中・韓政府指導者および外交当局者の回顧録を主に利用して分析を行う。

第1節　韓国の北方政策と対中関係改善の模索

1　「ニクソン・ショック」と韓国の緊張緩和政策

米中接近は、それまで米国の対中国「封じ込め」政策に歩調を合わせてきた日本、とりわけ反共前線国家であった韓国にとって、「ショック」として受け止められた。ニクソン訪中の発表直後、南北朝鮮の間では赤十字予備会談が開始され、さらに一九七二年七月四日には、統一の原則を盛り込んだ「南北統一に関する共同声明（七・四南北共同声明）」が政府レベルで発表されたのである。しかし、統一を志向する同声明の精神とは裏腹に、南北朝鮮は二国間対話を通じて米中和解の衝撃を吸収しつつ、国内の体制固めに邁進した。その結果、一九七二年一二月、南北にそれぞれ「維新体制」と「唯一体制」が成立し、さらに両者は対話の場だけでなく、国際舞台においても正統性をめぐる激しい競争を展開した。[5]

「七・四南北共同声明」に象徴される南北関係の進展は、北朝鮮が国際社会の一員として認められたことを強く印象づけた。こうした国際社会の評価と中国の国連復帰を背景として、北朝鮮は緊張緩和と平和への意思をアピールし、国際舞台においては韓国を圧倒し、自らの法的地位と政治的正統性を勝ち取る目標を達成するために、従来の朝鮮問題の「脱国連化」政策から、国連の場で積極的に同問題の解決を模索する「国連化」戦略への転換に踏み切った。北朝鮮は一九七三年四月に国際議員連盟（IPU）、同年五月には世界保健機関（WHO）、さらに同年八月には国連貿易開発会議（UNCTAD）への加盟を実現させた。北朝鮮は以上のように国際機構への加盟に意欲をみせるとともに、これまで国交をもたなかった国々との外交関係の樹立にも積極的であった。とりわけ、北朝鮮は韓国と国交を有している国々に積極的に接近していたのである。[6]

一九七三年に、北朝鮮はマレーシア、インド、バングラデシュ、アフガニスタン、スウェーデン、デンマーク、アイスランド、フィンランド、ノルウェー、ダホメ、トーゴ、ガンビア、モーリシャス、リビア、イランと国交正常化を達成した。[7] さらにその翌年から、北朝鮮はアルジェリアを中心とする非同盟諸国とユーゴスラビアやルーマニアなどの自主路線を掲げる東欧諸国に対する外交活動を活発化させた。北朝鮮は一九七三年に一五ヶ国、七五年には一二ヶ国と新たに国交を樹立した。その結果、一九七一年当時に三四ヶ国にすぎなかった北朝鮮承認国が、七五年になると八八ヶ国に急増し、韓国承認国との差は二ヶ国にまで縮まった。「七・四南北共同声明」が発表された一九七二年七月から翌年三月にかけて、韓国と国交を有していた一一ヶ国が北朝鮮と新たに国交を樹立した一方で、従来から北朝鮮を承認していた国家のうち、韓国と国交樹立を実現させた国は皆無であったのである。

他方で、韓国は安全保障上の危機を単に南北対話によって回避されるものとは認識せず、安全保障を確保するための新しい枠組みを作るために対共産圏外交における柔軟性を示しはじめた。実際に、一九七一年八月七日の国会答弁で、金溶植外務部長官は中国およびソ連と外交関係を樹立する用意があることを表明した[8]。また、一九七二年五月一六日、朴正煕大統領は「たとえ社会体制が異なっているとしても、敵対的な行動を取らなければ、相互主義と同等性の観点から、彼ら（中・ソをはじめとする共産主義諸国――引用者注）と協力する[9]」と発言した。さらに、一九七三年の年頭記者会見で、朴正煕大統領は「最近、国際情勢は両極体制から多極体制に変化している。したがって、我々は歴史上の教訓に照らして、こうした国際情勢の変化に賢く、かつ毅然とした姿勢で対応すべきである。対外的に、我々は国際的な協力と親善を一層増大させ、同盟国や友邦国家と紐帯を固めつつ、国内的には我々の総力安保体制を強化しなければいけない。すなわち、我々は幅広い多角的な外交を柔軟に展開すべきである。さらに政府は前にも、体制と理念を異にする、我々に敵対的な行為をしない共産主義国家と協力関係を維持し、拡大していく用意があることを表明したことがある[10]」と述べた。この発言は、中国、ソ連をはじめとする共産主義諸国との関係改善の意思の表明にほかならなかった[11]。

とりわけ、中国軍代表の停戦委員会への復帰や国連加盟による国際社会における中国の影響力の増大によって、韓国は中国との関係改善を重要な外交課題の一つとして認識するようになった。さらに、韓国は北朝鮮の国連および国連の外における外交攻勢を受けて、正統性をめぐる競争に対する危機認識を深め、対共産圏外交に慎重に踏み切った。一九七三年六月二三日、朴正煕大統領は「平和統一外交政策に関する特別声明（六・二三宣言）」を発表した。その六項目は「大韓民国は相互平等の原則の下で、すべての国に対して門戸を開放し、我々と理念と体制を異にする国々も我々に門戸を開放することを希望する[12]」との内容であった。朴大統領の同宣言は韓国の中国・ソ連をはじめとする共産主義国家に対する門戸開放政策であると同時に、朴正煕政権の北方政策を集約したものでもあった[13]。

2 対中関係改善の模索

朴正煕大統領の「六・二三宣言」の影響を受け、韓国外務部は中国との関係改善における可能な要因を分析し、具体的な改善案を打ち出した[14]。その骨子は次の通りである。

まず、関係改善の可能な要因として、次の二点を挙げた。一つは、中国の対外政策は原則的には強硬であるが、実質的には弾力的であり、理念を重視しつつも実利を優先し、敵対的でありながらも対話を推進するなど、柔軟な外交を展開しているという点である。もう一つは、中韓関係改善には中朝関係、ソ朝関係および台湾問題など阻害要因があるが、中ソ対決、米中接近、日中関係改善、日ソ接近、ニクソン・ドクトリンなど諸方面の複合的要因があるため、関係改善の素地があるという点である。

つぎに、関係改善案については、民間レベルの間接交流と政府レベルの直接交渉による対中接近案を取り上げている。民間レベルによる接近案には、対共産圏国家との関係改善を推進するための官民合同機構の設立、人道的レベルでの在韓華僑の故国訪問の推進、中韓親族間の書信往来、対中国貿易推進、「ピンポン」チームの競技交流の推進、学術関係の資料および情報交換の推進（純粋な学術情報または資料に限定）など、六点が提案された。一方、政府レベルの直接交渉による接近案には、在外公館の長を通じた直接交渉（イギリス、カナダ、イタリア）と第三国の協力を通じた関係改善案が提起された。

以上のような関係改善案に基づいて、一九七三年から韓国はフランス、オランダ、カナダ、イギリスなどの第三国を介して、関係改善の意思を中国に伝えると同時に、それに対する中国の意向を打診した。韓国外務部は一九七三年九月におけるフランス大統領の中国への公式訪問を通じて「韓国は政治、経済、軍事的に『中華人民共和国』と敵対する意思がなく、むしろ過去の敵対関係を清算して両国の間に漸進的な善隣関係を樹立する用意があるだけでなく、スポーツ、文化、通商などの分野でも交流を開始する意思がある」ことを中国に伝えた。[15] また、一九七三年一〇月、オランダ外務省東北アジア太平洋地域課長のエリックとの会談で、対中国外交の担当部署である外務部東北亜二課の李ジチョル課長は、「我々は中共に対してまず敵対観念を解消し、隣接国としての文化、体育、経済的な分野など可能な分野から漸次関係改善を拡大していきたい」ことを説明し、その旨を中国に伝えるよう要請した。[16]

ここで興味深いことは、その後国交樹立交渉過程においてネックとなっていた「一つの中国」問題、すなわち、台湾との関係調整の問題を、韓国がこの時期からすでに考慮していたことである。台湾との関係調整に関するオランダ外務省東北アジア太平洋地域課長の質問に李課長は、「『自由中国』との関係を漸進的かつ段階的に清算する方針である」と説明したのである。[17] この方針は、その四ヶ月前の一九七三年六月に、仲介役を務めるイギリス外務省が台湾との関係調整についてその意向を打診したことに対して、朴正熙大統領が「現段階は中国と外交関係樹立の実現可能性はないので、自由中国との関係を考慮して中止すべきである」と外務部に指示したこと[18]と比べると、大きな進展であったと言えよう。韓国は政府間ベースによる対中接近とともに、国際機構での中国政府関係者との接触、国際会議・国際大会に参加する中国政府関係者や学者、選手たちとの接触、そして、大学や研究所との間の書籍の交換を通じた文化交流など、非政府間ベースによる対中接近をも試みた。[19]

以上のような、韓国側の関係改善のアプローチに対して、中国側は「中韓関係改善は朝鮮半島の統一を妨害しかねない」との意思を表明するだけで、韓国との交流を一切忌避したため、一九七〇年代後半まで韓国の対中接近は具体的な成果をあげることができなかったのである。

第2節　鄧小平の復活と対韓政策の転換

1　国内政治の安定化と経済重視路線へのシフト

一九七六年九月九日の毛沢東の死と華国鋒による文化大革命の収拾を通じて、中国では、七七年七月の中国共産党第一〇期三中全会で七六年四月の天安門事件（第一次）で失脚した鄧小平が復活した。一九七七年八月一二日から一八日にかけては、中共一一全大会が開かれ、毛沢東の革命理論堅持を強調するとともに「第一次」プロレタリア文化大革命の終結が宣言され、共産党規約に「四つの現代化」が盛り込まれるなど、国内政治は徐々に安定化していったのである。

再び権力を掌握した鄧小平は、この年の後半から一九七五年の「整頓」に用いた近代化構想を拡大し、ソ連の脅威が拡大する国際情勢を利用して国内の経済建設を加速させる対外開放構想を実施に移した。鄧小平は、ソ連の覇権主義への明確な反対姿勢を打ち出し、外交上の成功によって中国が西側諸国の力を活用してソ連の脅威を抑止し、経済発展を進めていくチャンスが到来したと主張した。この鄧小平の主張は、華国鋒をはじめとする他の指導者および長年の政治闘争に疲弊し生活の向上を求める民衆や幹部の支持を獲得することになったのである。

改革開放政策の推進者の一人であった谷牧は回顧録で、「わが国に友好な人士を含めて国際社会は、毛主席が国内建設と世界経済との連携を軽視していたと見ているようだ。（中略）このような見方は歴史の真実に合わないため、歴史的経験の総括にも役立たない。確かに、新中国誕生以来の二〇年間、我々は世界経済との連携を持たなかった。しかし、これは我々のせいでなく、さらには中央の政策の誤りでもない。その主な原因は帝国主義の封鎖にあるのだ[20]」と述べていた。すなわち、中国当局は「帝国主義の封鎖の解除」という国際情勢の変化こそ、中国が対外開放を打ち出す条件であると認識していたのである。国民経済発展十ヶ年計画の提起を目前にした一九七八年二月九日、「政府工作報告」の経済部分を議論する政治局会議で、鄧小平は「先進技術を導入する際、我々はその技術の向上を重視すべきである。（中略）技術導入交渉は時間を急ぎ、速度を上げるべきだ。欧州経済共同体、日本、アメリカについて、専門グループを作って、他のことをやらせず、力を集中して研究に専念させるべきである。国際情勢の動きに注意すべきであり、現在は我々にとって最も有利な時期である[21]」と、強調したのである。

毛沢東の指名で中国の最高指導者に就任した華国鋒は、毛沢東の後継者として周囲に政治的統制力を見せつけるために「二つのすべて[22]」を提起しつつ、他方で、対外政策においては文革期における四人組の極左外交の影響の払拭を掲げて、穏健路線に回帰した。また、華国鋒は毛沢東から受け継いだ政治路線の堅持とともに、経済分野でも指導力を誇示するために、経済発展のキャンペーンをも展開した。華国鋒政権は、一九七八年二月から三月の第五期全人代第一回会議で、先進国からの大規模プラント設備の導入を前提とする国民経済発展十ヶ年計画を採択し、「四つの現代化」推進への意欲を内外に示した。

実際、「四つの現代化」構想[23]に関しては、一九七五年一月一三日から一七日にかけて開かれた第四期全人代第一回会議で、周恩来総理が政府工作報告を行った際にすでに触れていた。同報告の核心は国家建設政策、すなわち「四つの現代化」の再提起であったが、最も注目された報告の第三部は、革命継続の方針を確認しつつ、国内の団結を強調し、農業、工業、国防、科学技術の「四つの現代化」を経済建設の目標として再設定した点にあった[24]。当時、「四つの現代化」構想は毛沢東および四人組の鄧小平への批判によって棚上げされたが、毛沢東の死と四人組の逮捕を経て、新たな指導者となった華国鋒の下で再び復活し、李先念の直接指導下で修正が施された後、一九七八年二月から三月にかけて全人代で採択されることになった。[25]

国民経済発展十ヶ年計画が承認されると、指導者たちの関心はその実施に移ったが、西側先進国からのプラント導入計画の規模はますます拡大し、三月一三日の政治局会議では予定額が六五億米ドルから一八〇億米ドルに引き上げられた。当該時期、中国では大規模プラントを海外からまとめて導入して経済建設の底上げを図る手法が、計画経済の枠組み全体を近代化させていくための正攻法と見なされていたためであった。[26]また、一九七八年五月二日から六月六日にかけてフランス、西ドイツ、スイス、デンマーク、ベルギーの西欧五ヶ国への歴訪から谷牧を団長とする経済代表団が帰国した後の六月二二日、鄧小平はプラント導入業務の担当者に「外国と交易を行う際には規模を大きくやれ、何が一五〇億（米ドル）だ、五〇〇億まで行っていい。資本主義の危機を利用すべきであり、好機を逃さず、大胆になれ」と発言し、海外からのプラント導入の規模を拡大するよう指示した。[27]さらに、一九七八年七月六日から九月九日にかけて開かれた務虚会で、導入規模をどの程度まで拡大するかが議論されたが、以後一〇年の間に八〇〇億米ドル規模の導入を考慮することが決定された。

しかし、経済専門家の陳雲や財政部部長の張勁夫は、以上のようなプラント設備導入の規模が基本的国力を過大評価した判断に基づくものであると認識し、外貨や国家予算が圧倒的に不足すると見込んでいた。そのため、資金蓄積速度と財政バランスの面で無理が多すぎることを勘案して、海外からのプラント導入を慎重に進めることが提案された。[28]また、プラント導入の拡大を実現させるため、国務院はそれまでの社会主義計画経済の枠を超えた輸出振興策や外資導入策および支払い方法についても検討しはじめた。[29]言い換えれば、当該時期における中国にとって、後になって「洋躍進」として批判されるが、プラント導入の急激な拡大と並行して、外貨を獲得するための輸出の拡大や外資の導入が重要な課題として浮上したのである。

2　対外開放構想と対韓認識の転換──「敵対国」から「経済発展モデル」へ

一九七〇年代後半、近代化が加速するとともに、鄧小平をはじめとする中央指導部の対韓政策は変化しつつあった。一九七八年三月末、中国において韓国、台湾に関する調査が依然として植民地主義への投降と批判されかねない状況に置かれていたにもかかわらず、来日した林乎加を団長とする経済代表団は、日本政府に対して韓国の馬山および台湾の高雄の輸出加工区についてのブリーフィングを要請した。さらに、韓国や台湾の経済経験とその手法、韓国に対する先進国側の協力などについて調査を開始した。[30] また、一九七八年五月初めに、鄧小平は「資本主義国家の先進的な経験、良い経験は、我々もよく学んで自分のものにしなければいけない」[31]と強調した。

その直後の一九七八年五月三〇日には、李強や胡喬木らとの会談で、鄧小平は「今、国際的な条件は我々に有利なのだ。西側の資本主義国家は自分たちの利益のため、我々が強大化するのをとても望んでいる。これらの先進国は多大な困難を抱え、資金の使い道がないから、我々に金を貸したがっているが、それをやらないとはまったく馬鹿げている。現在東アジアには四つの『小虎』がいる。それらは、南朝鮮、台湾、香港、シンガポールである。彼らは経済発展が速く、対外貿易の拡大も非常に速い。彼らがみな経済をあれほど速く発展させているのに、我々にできないというのか」と述べ、これら諸国のように貿易を拡大させるよう指示を与えたのである。[32] その指示は、日本および上述の四ヶ国（地域）に関する経済調査を終え帰国した林乎加視察団の報告を受けて、中国が閉鎖体制にあった間に、「四つの小さい虎」が日本を追って外向型の経済成長を開始したことと、日本を頂点とするアジアの雁行型経済発展の流れへの積極的な参入こそが中国のとるべき道であることを、鄧小平がはっきりと認識したうえで[33]下したものであった。

こうした鄧小平の指示からは、当該時期に韓国が中国にとって従来の敵対国から経済発展モデルとして見直されつつあったことを充分に読み取ることができる。その後、一九七八年七月上旬、国務院は「四つの現代化」建設を加速させることに関する務虚会を開催した。この会議において、谷牧は先進諸国からの技術導入とその支払い方法について言及し、「対外貿易を拡大するほかにも、我々は国際上通用する経済貿易方式を採用することができる。例えば、労務輸出の方法もあるが、南朝鮮は毎年一〇万人を外国に派遣して三〇億ドルを稼いでいる。我々はどうしてそれができないだろう」[34]と建議したのである。

さらに、中国は一九七〇年代初めからプラントの導入資金および外貨獲得のためにエネルギー産品の輸出増大策をとっていたが、資源の供給を主に海外に依存している韓国をも輸出先として考慮していたと考えられる。一九七九年に中国は韓国とエネルギー協定を初めて結び、同年に中国から韓国に第三国経由で少量の石炭が内密に輸出された[35]。

この時期に、中国と韓国の間で石炭を主とするエネルギー貿易が実現可能となった背後には、一九七〇年代に入って資源の安定供給をエネルギー政策の重要な目標として掲げた韓国側の事情も大きく働いた。天然資源に比較的に乏しい韓国は一九七三年と七九年の二度にわたる石油危機を経験してから、新たなエネルギー輸入源を確保する努力を強化していた。それと同時に、韓国は国内産業と国民による石炭の利用増大に力を入れたが[36]、そのような政策が外貨獲得のためにエネルギー産品の輸出増大策をとっている中国の政策と一致したのである。

前述したように、中国は一九七八年の初めから韓国の経済発展の状況を調査し、その翌年からは秘密裏に制限された範囲内で対韓貿易を行ったが、それは中国の対韓政策がすでに転換しはじめたことを意味するものであった。要するに、鄧小平の指導の下で、中国は「四つの現代化」を加速させる方途として、外部世界との経済関係の拡大に特別な関心を払うようになった結果、韓国も含めた資本主義諸国に対する敵対的で、教条主義的な姿勢を放棄するに至ったのである[37]。すなわち、以上でも述べたように、経済的動機が中国の対韓認識の転換を促したことは確かである。

しかし、一九七八年二月に調印された日中長期貿易取り決めによって、「異常な高潮」とも見える日中商談ブームが引き起こされたこと、当該時期の中国にとって第一の経済モデルが日本であり、中国が経済発展のために必要不可欠とした鉄鋼、石油化学などのプラントの輸入先を日本、米国をはじめとする西側先進諸国に設定していたことを考慮すると、韓国との経済交流はそれほど切迫な問題ではなかったと考えられる。それでは、一九七〇年代末、中国の対韓接触をもたらした決定的な要因は何であったのだろうか。

3　北朝鮮のソ連接近と中国の「韓国カード」

中国では一九七八年前半から対外政策決定に関して鄧小平は華国鋒の支持を得ており、政治的に安定した外交政策決定構造が形成されていた。第1節および第2節ですでに考察したが、一九七〇年代後半における中国指導部の経済重視への路線転換のほかに、中国国内政治の安定化による外交政策の決定構造の安定化[38]が中国外交全体の対外融和の方針に影響し、七七年後半の中ソ関係の緩和などの動きに繋がっていったのである。

ところが、一九七〇年代末になると、中国とソ連は直接対立を避けたものの、ベトナムとの関係を介して対立を深化させた。一九七五年から軍事援助の継続問題と覇権問題などにおける意見の不一致を理由として中国からの援助・協力を得ることができなくなったベトナムはソ連への接近を図り、中国との間では不和が深まった。

そのようななか、一九七八年春にベトナムからの華人・華僑の大量帰国問題で中越関係は一挙に悪化した。さらに、一九七七年末、ソ連の支援の下でベトナムが中国の友好国であるカンボジアに攻撃を行うと、中国はベトナム・ソ連に対する態度を硬化させた。そして、一九七八年に入ると、ベトナムは六月にソ連・東欧諸国が構成するコメコン（経済相互援助会議）に正式加盟し、一一月にはソ連と友好協力条約および経済科学技術協力推進に関する文書に調印することを通じて、ソ連との間で極めて緊密な軍事、経済的協力関係を結んだのである[39]。ソ連がベトナムに対する影響力を増していく状況の下で、中国が懸念したのはソ連の北朝鮮への影響力の増大であった。一九七八年五月、中国、日本に続いて韓国を訪れたブレジンスキー米大統領補佐官は韓国の朴正煕大統領に対して「中国は北朝鮮の立場を代弁しながらも、米国とのさらなる戦略的関係を発展させ、カギとなる地域での相互補強を望んでいる」と説明した。さらに、ブレジンスキーは、「中国の懸念は、ソ連の影響が広がる可能性と特に関連がある。中国はモンゴルにソ連の衛星国を見ているのだから当然である[40]」と述べた。

ソ連の北朝鮮への影響力の拡大への憂慮とともに、中国が恐れていたのは、ソ連の影響力によって北朝鮮がソ連に傾斜することであった。この点に関して、一九七〇年代末における中越対立へ北朝鮮が態度を保留していたことは、中国の不満と牽制を引き起こすものであった。しかし、従来から北朝鮮との間で「内政不干渉[41]」の原則を掲げてきた中国は、ソ連と北朝鮮との緊密な関係を阻止するために必要な北朝鮮に対する影響力に限界を感じていたのである。

米中国交正常化以降、一九七九年一月二八日から二月五日にかけて米国を訪問した鄧小平副総理はカーター米大統領と会談を行った。会談において、南北の政府当局者間の対話の再開を促進するために北朝鮮を説得することを中国に求めたカーター大統領に対して、鄧小平は、中国が北朝鮮に対して深くコミットメントができない苦境を明らかにし、「ソ連が背後でなんらかの影響を行使しているのかもしれない[42]」と指摘した。また、同会談で韓国との通商関係の発展を促したカーター大統領に対し、鄧小平は「中国が韓国と通商関係を発展させると、中国と北朝鮮の関係は非常に悪化するだろう」と、韓国との経済関係の発展について否定的な態度を取り、「（中国と）北朝鮮との関係が悪化すれば、ソ連と北朝鮮が接近するので北東アジア情勢の全般に不利な影響を与えるだろう[43]」と強調したのである。

以上で考察したように、中国はソ連の北朝鮮への影響力の拡大を懸念する一方で、北朝鮮の対ソ傾斜を阻止しようとしたが、上記の鄧小平の発言からも分かるように、中国の対北朝鮮影響力は限定的なものであった。したがって、中国は北朝鮮に注意を促すために、北朝鮮の利益に相反する行為も辞さない「韓国カード」の使用に踏み切り、それを契機に一九七〇年代後半から悩みつつあった朝鮮半島政策の調整を断行したと考えられる。

もちろん、このような理由が中国の対韓接近をもたらした直接的な原因であるが、第2節で考察したように、一九七七年一一月末から七八年前半にかけて中国の対韓認識が変化したからこそ、速やかな対韓接近が可能となったのである。こうした「韓国カード」は、一九七〇年代初めに中国と北朝鮮の過度の接近を牽制するために、ソ連が韓国との非政府間交流を促進することを通じて、北朝鮮の対中傾斜に警告を与えたことを想起させる。実際に、一九八〇年一月二五日、黄華中国外交部長は「一九八〇年代の外交情勢、政策と今後の任務」と題した内部報告を行った際、「多くの方々は北朝鮮がソ連に傾斜し、北朝鮮が『ソ連カード』を持つことを心配しているが、我々も『南朝鮮カード』を有していることを忘れてはいけない。北朝鮮がもしソ連に一辺倒したら、対北朝鮮援助の打ち切りはもちろんのこと、我々は南朝鮮を支持するだろう[44]」と述べていたのである。

しかし、ソ連の対中包囲戦略上重要な地政学的役割を果たしており、対米安全保障上における緩衝地域でもある北朝鮮を過度に刺激しないために、中国は対韓交流の開始に慎重にならざるをえなかった。そこで、中国が対韓接近の手段として選択したのが、「里帰り交流」であり、それは国際機構・国際行事の枠組みの範囲内での国際交流であった。時期的にも、国際赤十字社の仲介の下で行われた「里帰り交流」は中韓貿易[45]が始まったとされる一九七九年よりも前の七八年一二月一八日にすでに実現していたのである。

第3節　中国の対韓接近と「里帰り交流」の実現

1　「里帰り交流」の実現

韓国は一九七三年から政府レベルと民間レベルによるさまざまなルートを通じて本格的に中国との接近を試みたが、中国側の冷淡な態度のために度々頓挫してしまい、そのような努力は一九七〇年代後半まで成果を挙げることができなかった。そのようななか、一九七〇年代初めに韓国の対中郵便門戸開放政策によって、中韓両国の間で数十年断絶していた書信往来が可能となったが、それが朝鮮族住民の里帰りのきっかけとなったのである。

一九七三年、韓国政府が共産主義国家に対する郵便門戸開放政策を実施したが、中国政府がそれを受諾したことによって、七四年九月一日から両国の間で第三国を通じての書信往来が可能となった。[46] 中韓離散家族はこのような書信往来を通じて、相互の生死および所在地に関する情報を入手することができたのである。[47] 書信往来による中韓離散家族の情報交換は、朝鮮族住民の里帰りにおいて重要な手がかりとなった。それだけでなく、当時、大韓赤十字社も中国在住家族の確認を、「共産圏同胞へ」という公営放送局（ＫＢＳ）の社会教育放送プログラムを通じて行っていたが、[48] これも朝鮮族住民の里帰りの実現にプラスの役割を果たした。そもそも、韓国では対共産主義諸国に向けた離散家族捜し運動が一九五六年から北朝鮮を対象に始まっていたが、その後、七〇年代初めから中国、旧ソ連などに在住する同胞にまでその範囲が拡大していった。[49]

以上のような通信手段を通じて、中国と韓国では長い間離ればなれになっていた家族・親族との再会を希望する離散家族の数が一九七五年から増大することになった。このような状況を韓国政府は対中接近のチャンスと捉えたのである。韓国の意図は、非政府間交流を通じて政府間交流を促すことであった。

再会を希望する離散家族の数が増えるにつれ、大韓赤十字社は外務部の企画の下で[50]、赤十字国際委員会[51]（ＩＣＲＣ）に協力を要請して、中国紅十字会とのコンタクトを試みたが、一九七〇年代後半まで実現することができなかった。しかし、一九七八年に入ると、赤十字国際委員会の仲介によって、中国紅十字会は朝鮮族住民に韓国に住んでいる肉親、近親者を訪ねるよう斡旋する形で大韓赤十字社に協力することに踏み切り、同年一二月一八日には朝鮮族住民の里帰りの第一号が実現することになったのである。周知のとおり、中国紅十字会は中国政府の直接の指導を受けているため、同組織が対韓協力に踏み出せたのも中国政府の対韓政策の転換の影響を受けた結果であった。要するに、当該時期の中国政府は「里帰り交流」をもって対韓関係改善に踏み切ったと考えられる。

それでは、なぜ中国が「里帰り交流」を通じて韓国との関係改善に踏み切ったのかが問われるが、以下のような二つの理由が考えられる。まず、中韓離散家族の高齢化および彼らの再会の要望が強まるにつれ、離散家族の再会問題が人道的な課題として国際的に注目されていたことが挙げられる。一九七〇年代に入り「ヒト」の国際移動が急増するに伴って、この問題が人道・人権上の観点から世界の注目を浴びはじめていたのである。そこで、一九七一年一〇月、国連への復帰をはじめとし、台湾との正統性をめぐる競争で優位を占めるために国際機構への新規加盟・復帰を本格的に展開していた中国は、赤十字国際委員会に協力する形で中韓離散家族を再会させることが、自国のイメージを好転させる機会であったと認識したのであろう。

つぎに、中国が国際機構を通じた間接的で、非公式の交流にせよ、韓国との交流が北朝鮮との関係にマイナスの影響を与えると認識していたため、北朝鮮への配慮が大きく作用していたと考えられる。一九七一年八月一二日、大韓赤十字社が南北に離散している一千万人にのぼる家族捜しを具体的に協議するため南北赤十字会談を提案したことから、南北の間で赤十字会談が行われるようになったが、この先例が中国に自信をつけさせたのである。

中国政府の黙認と中国紅十字会の協力の下で、大韓赤十字社は中国東北部に住んでいる親族が文通によって里帰りの意思を表示したケースに限定し、韓国側の親族らが香港での滞在費、韓国までの旅費を負担するという条件[52]で朝鮮族住民の韓国訪問を実現させた。朝鮮族住民里帰りは一九七八年から始まったが、最初に韓国を訪問したのが、安学賓《アンハクビン》氏一家の四人であった。このケースを端緒とし、その後、数は少ないものの、韓国への里帰りは毎年続けられた。大韓赤十字社の統計によると、一九七八年に四人、七九年に九人、八〇年に五人、八一年には二五人の人々が里帰りを実現させたのである[53]。朝鮮族住民里帰りは一九八二年に入ってから活発化したが、その人数は八二年に五〇人、八三年には一〇〇人にまで拡大した[54]。

朝鮮族住民の里帰りが一九八二年を区切りに活発化したのは、七八年当初、中国政府は里帰りする朝鮮族住民に一ヶ月のビザを発給したが、八二年四月からは六ヶ月の複数ビザを発給したのが直接原因であった[55]。では、このような変化がなぜ起こったのだろうか。ここで、変化の要因として中国の対韓政策の転換を指摘したい。一九八〇年一月二五日には「ここ数年来、外交部は朝鮮半島政策の調整のため悩んできた[56]」と黄華外交部長が発言し、八一年になって中国の学者や貿易関係者が国外での韓国の学者や貿易関係者との握手、会話を許可され、翌八二年からその範囲が在外外交官にまで拡大した[57]。一九七九年末から対外政策の転換が模索されつつあった時期とほぼ時を同じくして対韓政策の見直しが展開されたが、八二年初めになると完成をみたのである。換言すれば、以上のような対韓政策の転換があったからこそ、一九八二年四月には六ヶ月の複数ビザが発給されたと考えられる。

里帰り申請者の数も一時帰国と永住帰国を合わせて、一九八一年には四〇件であったが、八二年には九三件、八三年には一五六件へと急増した[58]。そして、一九八四年に入ってからは、その里帰り人数が二三〇人へと大幅に増えたが[59]、それに加えて、同年八月一七日には、中国黒龍江省密蔡県で農業に従事していた朴成鉉《パクソンヒョン》氏（三四歳）

が韓国馬山市に住んでいる叔父の朴大一《パクテイル》氏の招請で韓国を訪問した[60]。朴成鉉氏の韓国訪問は朝鮮族二世としての初めての訪問で、世間の注目を浴びたのである。

中国政府は一九七八年当初、朝鮮族の韓国への里帰りについて、黙認するという態度で対応しており、一ヶ月のビザしか発行しなかったが、八二年四月には六ヶ月の一時帰国を黙認し、翌年六月には里帰りを正式に許可するに至った。里帰り問題に対する中国政府の以上のような対応の変化は、離散家族再会問題を純粋な人道レベルだけではなく、北朝鮮との関係を損なわない範囲内で対韓関係改善の土台を構築しようとした戦略的意図と関係があるといえる。人道問題を窓口とし、水面下で中国との接近を試みた韓国側の意図と同様の意図を中国も持っていたのである。

中国のそのような意図は一九八四年三月二三日から二六日にかけて開かれた日中首脳会談での日本の中曽根康弘首相と中国の趙紫陽総理との談話内容から確認することができる。同首脳会談において、朝鮮半島が議題となった際に、中曽根首相が「中国在留韓国人の韓国親戚訪問については日本で会うのがいいのか、どのような方法がいいのか、韓国側はこれを強く望んでいる」と韓国政府の要望を趙紫陽総理に伝えた。それを聞いて趙紫陽総理は中韓両国間の人的交流を認めると同時に、「中国在留朝鮮人の里帰りは、中国としては申請があれば、すぐ許可する。日本、中国で会うことでも、南朝鮮で会うことでもかまわない。いずれにしても、中国側に問題はない」と述べたのである[61]。このような中国政府指導者の公式表明に鼓舞され、一九八四年三月、中国に離散家族が存在する韓国国内の親類縁者一〇人が離散家族と再会するために「中ソ離散家族会[62]」と大韓赤十字社を通じて中国訪問を申請し[63]、李昌勳《リチャンフン》氏が中国政府から一ヶ月のビザを受け取って、同年一二月二〇日に最初に中国を訪問した[64]。

2 「里帰り交流」の拡大

「里帰り交流」がますます活発になるにつれて、中国と韓国の間では一九八四年から赤十字社間の直接交流への試みも図られるようになった。一九八四年四月二八日、大韓赤十字社の劉彰順《ユチャンスン》総裁は中国紅十字会の銭信忠会長に、中国に定住する離散家族と韓国にいる家族親類らとの相互訪問をより円滑かつ迅速に実現させるために、赤十字国際委員会の仲介なしの中韓赤十字社の間の直接会談の開催を提案した。劉彰順総裁は公式書簡の中で中国の国名を「中華人民共和国」と表示し、中国の紅十字会会長および関係者ができるだけ早急にソウルを訪ねるよう招請するとともに、紅十字会側が受け入れれば、中国あるいは香港など適切な場所へ大韓赤十字社代表を派遣する用意があることを明らかにした[65]。劉彰順総裁の提案は、韓国政府が「里帰り交流」のような国際機構を介する三角交流を中韓二国間レベルの直接交流に発展させようとした対中関係改善の強い意思を反映したものであった。

しかし、赤十字社間の直接交流に関する韓国側の提案は当時中国側の消極的な対応によって、当初の目標を達成することができなかった。北朝鮮に配慮していた中国は、対韓交流をあくまで国際機構への協力、国際大会・国際会議への参加などの間接的で非公式の交流に留めようとしたのである。

かつての敵同士がいくつもの難関を乗り越えて最終的には朝鮮族住民の里帰りを通じた交流をはじめたことは、中韓外交の大きな成果とも言えよう。里帰り問題について、中国側は関連する一切の報道を避けたのはもちろん、韓国側にも報道の自粛を求めていた。中韓「里帰り交流」について、韓国では一部の新聞社が簡単な記事を報道したにすぎなかった。また、中国の里帰り問題についての朝日新聞社の問い合わせに、韓国外務部や大韓赤十字社は「北（北朝鮮——引用者注）をいたずらに刺激したくないので」と公式的な見解を明らかにするのを避けていた[66]。

中韓「里帰り交流」について公式の表明を避けている中国の消極的な態度は、北朝鮮に配慮しつつ、韓国とは一定の距離を置き、非政治分野での交流を拡大する方針を反映したものであった。韓国政府系の『ソウル新聞』は、「中国に住んでいる韓国人たちの韓国家族訪問は中国側が自主的に黙認し、今まで五〇〇件以上実現している」との事実を伝え、一九八四年の趙紫陽の発言について「このような公式承認は、中国が韓国との民間交流の拡大を希望しているものとして注目される」と評価した[67]。

「里帰り交流」を通じて、中国は対韓直接交流を行うための土台を築いただけでなく、国際的イメージアップも達成したと思われる。朝鮮族住民の里帰りの実現は、関連諸国の高い評価を受けた。韓国はもちろんのこと、日本のメディアもこの問題に大きな関心を寄せ、賛辞を惜しまなかった。一九八四年三月二四日付の『韓国日報』は「韓中関係が三五年ぶりに非政治分野で記念碑的な進展を見せた[68]」と述べた。また、大韓赤十字社の劉彰順総裁は一九八四年四月二八日に中国紅十字会の銭信忠会長宛に送った公式書簡の中で「離散家族の苦痛を減らすための中国政府の人道主義的な関心は韓国国民だけではなく、世界の平和を愛するすべての人々から賛辞を受けるだろう[69]」と表明した。日本の『朝日新聞』は社説で「人道上の問題やスポーツが、政治に利用されて本来の目的を果たせないのは困る。だが逆に、それらの面で成果を挙げることが当事国の国益にかない、地域全体の平和に貢献するなら、こんな良いことはない[70]」と評価したのである。

一方、韓国にとって、中韓離散家族再会の問題は対中交流を拡大するための絶好のチャンスであった。まず、韓国は中韓離散家族再会問題の解決を通じて、北朝鮮の立場を考慮して表面的には韓国との直接交流を忌避しているものの、実際は関係の改善を希望する中国の真の意図を確認することができた。韓国政府系の『ソウル新聞』も中国の対韓民間交流拡大の意思について報道していることがそれを傍証している。これは中韓関係改善に尽力している韓国にとっては大きな外交成果であったに違いない。そして、朝鮮族住民の里帰りは、一九七〇年代において大きく緊張緩和した国際情勢の下で急速に国力を伸張させていた韓国にとって、中国、ソ連など共産主義国家を含む海外に散在している韓国人に故国との連帯感をより強く認識させ、最終的には朝鮮半島の統一を実現しようとする韓国の民族政策と統一政策の一環でもあった。

3 北朝鮮に対する「説明外交」の開始

ここまで述べてきたように、中国は一九七〇年代末から対朝鮮半島政策を微妙に調整しつつあったものの、依然として対北朝鮮政策を優先していたため、八〇年代初めまでの中朝両国は「緊密な関係」が強化されていた。それは中国と北朝鮮の戦略的狙いの反映でもあった。北朝鮮にとって、中国の対ソ包囲網の一環である米中接近は、共産主義陣営への裏切りと認識されたが、非同盟諸国との関係を拡大し、ひいては外交競争における韓国に対する優位を確保するためには、国際社会で影響力を増大させつつある中国との関係強化が必要であった。他方、中国にとっては、韓国との関係改善は朝鮮半島における自国の影響力の増大に繋がるものではあったが、対ソ牽制および北朝鮮をめぐるソ連との競争に勝利するためには、北朝鮮との関係を強化しなければならなかった。したがって、中国は韓国との接触に慎重にならざるをえなかったのである。

中国の北朝鮮重視の政策は、当該時期における中国政府関係者の一連の発言や行動に如実に表われている。一九七八年八月に平壌を訪問した際、鄧小平は「中国は韓国といかなる政治的関係を持つ意思もない」と言い切った[71]。一九七九年一月二五日から二月五日にかけて訪米した鄧小平はカーター米大統領に、「北朝鮮は中国を信頼しており、我々は韓国と接触できない。接触すれば、その信頼が弱まる」と語っている[72]。さらに、一九七九年七月三日には、米韓共同声明に関連した記者団の質問に対して、中国外交部の当局者は「中国としては、韓国との間に国際スポーツ交流以上の二国間関係を結ぶことは考えていない[73]」と述べたのであった。また、一九七八年の「日中平和友好条約」の締結と七九年の米中国交正常化によって、一時的に疎遠になった対北朝鮮関係を回復するために、八一年四月、鄧小平と胡耀邦が平壌を訪問した。同年九月には金日成が中国を訪問し、続いて一二月には趙紫陽が平壌を訪問した。中国と北朝鮮との間のこのような指導者の相互訪問外交は一九八二年に入ると、一層活発に行われた。

一九八〇年代初めからは、中国は韓国といかなる接触があった場合でも、必ずその状況を北朝鮮に説明し、北朝鮮の理解を得るためのいわゆる「説明外交[74]」を行っていた。例えば、一九八三年五月の中国民航機ハイジャック事件の解決をめぐって中韓交渉が行われた後、中国は同年五月二〇日から二四日にかけて呉学謙外交部長を北朝鮮に派遣した。呉学謙外交部長は、五月二〇日に平壌人民文化宮殿で行われた宴会で、「『二つの朝鮮』の分裂策動に反対するための北朝鮮の惜しみない努力を強く支持する」と表明し、中国は決して韓国との外交関係の樹立を考慮していないことを強調した[75]。さらに、中国民航総局の代表団がソウルから帰国した日、中国外交部の姚広副部長は「今回の韓・中共接触は、ハイジャック事件を解決するためのものであり、双方の関係改善とは別個のものである[76]」との声明を発表した。また、一九八四年二月八日から九日まで行われた中豪首脳会談で、中国の趙紫陽総理はオーストラリアのホーク首相に対して韓国問題について言及した際、「中国は韓国の体制を承認するつもりはない[77]」と言明したのである。

しかし、中朝関係は無制限に強化されたわけではない。中朝関係の専門家である平岩俊司が分析しているように、米中接近によって、一九七〇年代初めから中朝関係を規定する第一の要因であった対米安全保障についての両者の認識の共有が形骸化した。さらにそれに加えて、中朝関係を規定する要因の一つである伝統的関係の求心力も形骸化し、一九七〇年代末から体制の安定を維持するための方法をめぐって両国はまったく異なる道を選んでいったのである。[78]

一九八〇年一月二五日、黄華外交部長は「一九八〇年代の外交情勢、政策と今後の任務」と題した内部報告を行った。この報告の中で、黄華は朝鮮半島情勢および中国との関係について次のように指摘したのである。「多くの方々は北朝鮮がソ連に傾斜し、北朝鮮が『ソ連カード』を持つことを心配しているが、我々も『南朝鮮カード』を有していることを忘れてはいけない。北朝鮮がもしソ連に一辺倒したら、対北朝鮮援助の打ち切りはもちろんのこと、我々は南朝鮮を支持するだろう。我々の外交はもう熟練しており、絶対に退路の余地を残すべきである。南朝鮮と中国関係の間の大きな門は現在明らかに『関門不上鎖(ドアは閉めているが、鍵はかけていない)』の状態にあり、いつでも開けることができるが、現在は開けられない。さらに、貿易すら許可することができない[79]」

第4節　非政府間交流の拡大とその意義

一九七八年から始まり、八四年には全盛期を迎えた「里帰り交流」による中韓人的交流に引き続き、中国と韓国の間では八四年から「スポーツ交流」が行われるようになった。一九八四年三月二日から四日にかけて、中国・雲南省昆明市で開催されたテニスのデビスカップ東洋ゾーン準々決勝戦で韓国選手団の中国での初参加が実現した。

韓国選手団は役員二人、選手六人の合計八人で構成されたが、新華社香港支社でビザを受け取り、同年二月二五日に香港から中国民航機342便で中国昆明空港に降り立った。中国テニス協会副会長の牟作雲と雲南省テニス協会副会長の盧洪生らが空港に出迎えたが、彼らは通訳を通じて韓国選手団に「遠くからはるばるやってきたことを歓迎する。お会いできてうれしい」と挨拶した。また、大会開催までの一週間に、中国は韓国選手団一行を西山、龍門、青湖など中国の名勝地見物に案内した。

その一方、テニス大会が始まる直前に、大会における韓国の国家の呼称、国旗の掲揚と国歌の吹奏が議論の中心となった。交渉の結果、中国は韓国の国家名を英語で「ＳＯＵＴＨ　ＫＯＲＥＡ」、中国語で「韓国」と表記することを決めたものの、韓国の国旗の掲揚と国歌の吹奏については許可しなかったのである。また、中国は北朝鮮に配慮していたため、大会の場所を昆明市から二十数キロ離れた片田舎に設け、メディアによる放送も一切禁止した。

韓国選手団の中国初訪問に続いて、中国選手団の初めての韓国訪問も実現した。それは一九八四年四月七日から一九日まで韓国・ソウルで開かれた第八回アジア・ジュニア・バスケットボール選手権大会への中国選手団の参加であった。中国選手団は役員一二人と選手二四人の合計三六人で構成されたが、同年三月二八日に香港の韓国総領事館から入国ビザを受け取り、四月五日に香港から出発し、ソウルの金浦空港に到着したのである。大会はソウル市の郊外にある蚕室体育館で開かれたが、大会開催の直前に中国側の強い要請を受け、韓国側が大会開会式での中国国旗の掲揚を認めたため、台湾が大会をボイコットする事件まで起こった。「五星紅旗」を掲げて大会会場に入場した中国選手団は、観客の熱烈な拍手で迎えられた。また、試合中の中国選手団に関する韓国のマスコミの報道はピークに達した。

一三日間にわたる試合の結果は、中国の女子チームの勝利と男子チームの敗北であったが、大会最終日の授賞式では中国の国旗の掲揚と国歌の吹奏まで行われた。前述したように、この大会で韓国は台湾の強い反対があったにもかかわらず、中国の要望に応え、国旗の掲揚はもちろんのこと、国歌の吹奏まで許可した。これは非政府間レベルにおける中国との幅広い交流を促進し、このような非政府間関係を政府間関係に繋げようとする韓国の戦略であった。

一方で、中国が北朝鮮の反発を受けつつも、正式な手続きを経て、国交のない韓国に選手団を派遣したことは、国際スポーツ大会への参加を通じての「スポーツ交流」を、「里帰り交流」に続く対韓関係改善のもう一つの手段として利用しようとした戦略とも言えよう。次章で詳細に分析するが、そのような戦略を裏付けるのが一九八六年のソウル・アジア大会と八八年のソウル・オリンピック大会への中国の参加であった。引き続き、一九八四年四月にソウルで開かれた第二回アジア水泳選手権大会には中国が選手団を派遣し、同年一〇月には韓国が上海で開かれたアジア女子バスケットボール選手権大会に選手団を派遣するなど、この時期に「スポーツ交流」が活発に行われた。その後、中国と韓国の間では、選手団の相互派遣以外にも、スポーツ分野における要人の相互訪問、大会取材のための記者団の相互訪問と「スポーツ交流」に便宜を図るための国際電話の中継なども実現したのである。

一九八〇年代初め、中国と韓国の間では「スポーツ交流」以外にも、限定的ながらも国際行事における相互交流も行われた。中国は一九七〇年代末までは、海外で開催される国際行事の場で中国人が韓国人に接触することを禁止し、中国で開催される国際会議に韓国の政府関係者が参加するのは言うまでもなく、民間の学術会議に韓国の学者が参加することさえ拒否していた。ところが、一九七八年末から始まった朝鮮族住民の里帰りによる中韓非政府間交流をきっかけに、八〇年代に入ってから韓国に対する中国の拒絶政策が徐々に緩和された。

一九八一年から海外で行われる国際行事の場における中国人の韓国人学者、貿易関係者との握手、会話が許可され、八二年には、その対象が在外外交官にまで拡大した。[80] そして、一九八三年一〇月三日、中国で開かれた国連・国際電気通信連合（ＩＴＵ）傘下の国際無線通信諮問委員会セミナーに韓国郵政部のソウル電波管理局長ら二人が参加した。また、一九八三年一〇月二四日には、国際海事機関（ＩＭＯ）と中国政府の共催で、中国大連で開かれた「船舶エンジン訓練課程」に韓国の学者二人が参加するなど、国際会議を通じての両国間の往来が実現した。

一九七〇年代末から八〇年代初めまで、中国と韓国の間で行われたこれらの非政府間交流は、中国と韓国の相互不信の根強さ、中朝同盟関係、韓台の伝統的な友好関係など、諸阻害要因の影響を受けたため、開始が遅れ、その規模も限られていた。それにもかかわらず、これらの非政府間交流は、朝鮮族住民の里帰りをはじめとし、着々と進められ、後になって「スポーツ交流」、国際会議における相互交流にまで拡大した。言い換えれば、この時期に行われた中韓非政府間交流は直ちに中国と韓国の政治レベルでの交流を促すことができなかったものの、中韓関係改善に至るまでの重要な一段階であり、最終的には中韓政府間交流に繋がるものであったと言えよう。

小結

本章は一九七八年から八四年にかけて、中国と韓国の間で行われた「民間交流」の中で、中韓交流のスタートともいえる「里帰り交流」の展開過程を考察すると同時に、三十数年の間、交流が断絶していた中国と韓国の間で接触が可能となった要因を中国側の視角から明らかにした。さらに、「里帰り交流」が中韓交流の拡大および中韓関係の進展に与えた影響についても分析を行った。以上のような分析を通じて、本章では次のようなことを明らかにした。

まず、一九七八年の初めころから、中国は対韓認識を変化させつつあった。それは、一九七七年一一月を境に中国の政治エリートたちの関心が政治から経済に移行し、輸出振興策を通じて急速な経済発展を遂げている韓国が中国にとって経済発展のモデル、外貨獲得のための貿易相手国として浮上したためであった。このような経済的要因に加えて、一九七〇年代後半における中国国内政治の安定化による外交政策の決定構造の安定化が中国外交全体の対外融和の方針をもたらしたことも中国の対韓認識の変化を促したのである。

しかし、対韓認識の変化が直接中国の対韓接近をもたらしたわけではなかった。すなわち、一九七〇年代後半における中国国内政治・経済要因より、中国と朝鮮半島をめぐる国際環境要因が中国の対韓接近をもたらした主な要因であった。一九七〇年代後半、朝鮮半島におけるソ連の外交攻勢を前にして、北朝鮮のソ連接近を防ごうとした中国が、北朝鮮に対する影響力に限界を感じたために、対韓関係改善の方向に政策転換を行うと同時に、韓国との交流を開始することを通じて北朝鮮に警告を与えようとしたのであった。

他方で、一九七〇年代初めから中国に対して関係改善を呼びかけつつ、民間レベルと政府レベルの両方面から対中交流を推進しようとした韓国の対中関係改善策も中国の対韓政策の転換を促進する役割を果たしていた。韓国が中国との関係改善を必要とした背景には、韓国が安全保障の確保および北朝鮮との外交競争において優位を占めるという目的を有すると同時に、中朝関係に楔を打ち込むことによって北朝鮮に衝撃を与えようとした考慮が潜んでいた。[81] すなわち、韓国にとって国際社会における中国の影響力の増大に便乗して外交攻勢を行っている北朝鮮に対して衝撃を与えるという点では、対中接触が効果的であると考えられたからである。[82] 以上のような中国と韓国の思惑が交錯した結果、一九七八年一二月に中韓両国の建国以降初めての交流が実現することになったのである。

つぎに、中国は「里帰り交流」をもって韓国との交流をスタートさせた。その理由として、韓国側が提案した「里帰り交流」が人道的問題として国際社会の注目を浴びていたがゆえに、中国は朝鮮族の里帰り問題を解決することを通じて文化大革命の影響で損なわれた自国のイメージを向上させる必要を感じていたことが挙げられる。そして、中国にとってさらに重要であったのは、北朝鮮を過度に刺激しないことであった。ソ連の対北朝鮮影響力が拡大していく状況の下、中国は「韓国カード」を利用して北朝鮮がソ連に接近することに警告を与えようとしたが、中国にとって第一義的な目標が北朝鮮の対ソ傾斜の阻止と中朝関係の強化であったため、韓国との接触は北朝鮮の反発をおさえられる範囲内のものでなければならなかったと考えられる。

一九七八年一二月一八日にスタートした「里帰り交流」は、七〇年代末から行われた中国における対外政策の再検討が追い風になって、ますます拡大した。ただし、一九七〇年代末から八〇年代初めにおける中韓交流は終始、非政府間交流に限られていた。なぜなら、対朝鮮半島政策における「二元構造」の下で、中国は政府レベルにおける中朝交流と中韓交流を両立させることができないからである。すなわち、対ソ戦略上、北朝鮮との緊密な関係の強化が必要不可欠であった中国は、北朝鮮との「党際関係」を強化する一方で、韓国との関係においては「民間交流」を発展させることを通じて、朝鮮半島における利益の最大化を図ろうとしたのである。

最後に、中国と韓国は民間レベルでの「里帰り交流」を通じて、建国以降初めての交流を実現させた。そして、「里帰り交流」をきっかけに、その後、双方の間では「スポーツ交流」「学術交流」も行われるようになった。「里帰り交流」に代表される当該時期における「民間交流」は、中韓関係改善の突破口と政治外交関係の展開に直接繋がるような役割を果たすことはできなかったものの、中韓両国が過去の歴史を清算し、関係改善を実現させるための基礎をつくりあげることを促進する役割を果たしたのである。

「千里の道も一歩から（千里之行、始于足下）」という中国の有名な諺が示すように、この時期の中韓交流は本格的な直接交流とはいえないものの、その第一歩ともいうべき非公式・間接的な接触を開始したという点では評価されるべきであろう。この時期から中韓両国は従来の敵対関係から、慎重な交流の段階に入ったのである。

第3章　「スポーツ外交」の展開と公式交流の拡大

――中国のソウル・アジア大会への参加を中心に

一九七八年一二月から始まった中国朝鮮族住民の韓国訪問は八二年四月を境に一気に拡大し、八四年には全盛期を迎えた。「里帰り交流」の拡大とともに、八四年から中国と韓国の間ではスポーツ分野における交流も非公式ではあるが、次第に行われるようになった。一九八四年三月二日から四日にかけて、中国雲南省昆明市で開催されるテニスのデビスカップ東洋ゾーン準々決勝戦に韓国選手団の初めての参加が実現した。引き続き、同年四月七日から一九日にかけて、ソウルで開かれる第八回アジア・ジュニア・バスケットボール選手権大会に参加するため、中国選手団が韓国を初めて訪問するようになった。

その後、何度にもわたって、中国と韓国の間には「スポーツ交流」が実現したものの、そのような交流は北朝鮮を刺激しないことを前提としたため、非公式の範囲に制限されていた。例えば、中国はスポーツ大会を都心から数十キロ離れた片田舎で開催し、大会で韓国の国旗の掲揚と国歌の吹奏を許容しなかっただけでなく、メディアによる放送も一切禁止していたのである。

そのようなか、一九八六年六月七日、中国の国家体育運動委員会の李夢華主任は、訪中した日本ゲートボール代表団との会談で、同年九月二〇日から一〇月五日にかけてソウルで開かれる第一〇回アジア大会にすでにエントリーしたことを明らかにした。[1] 一九八〇年代前半に行われた「スポーツ交流」に比べ、八六年のソウル・アジア大会への中国の参加表明は画期的なものであった。なぜなら、北朝鮮が南北朝鮮のいずれか一方で開催されるスポーツ大会への参加を「二つの朝鮮」を策動する行為であると厳しく非難してきており、ソウルで開かれる第一〇回アジア大会を「南北対立を煽る不純な競技である」[2]と批判して、中国の同大会への参加を牽制していたからである。[3] また、国際オリンピック委員会（ＩＯＣ）の元副委員長であり、大韓五輪委員会の金雲龍《キムウンリョン》元委員長が「中国が一九八六年のソウル・アジア大会に参加したので、その二年後におけるソウル・オリンピック大会への中国の参加は当然のことであると我々は思っていた」[4]と回顧していたように、中国はソウル・アジア大会への参加をきっかけに、国際行事に限っては、韓国との交流を公式のレベルに格上げしたのである。

それでは、ソウル・アジア大会への参加の意思を一九八四年末にすでに有していたものの、北朝鮮に配慮したため、同大会への参加を躊躇していた中国がなぜ、開催直前の八六年六月に参加の意思を表明するに至ったのであろうか。本章は、中国のソウル・アジア大会への参加を事例に、一九八四年から八八年までにおける中国の対韓「スポーツ外交」の展開とその要因を分析することを目的とする。さらに、「スポーツ外交」が中韓関係の発展に与えた影響についても分析を行う。

第1節　中国の対外経済戦略の見直しと対韓経済交流の促進

1　対外開放の拡大と対外経済戦略の見直し

一九七八年一二月一八日から二二日にかけて、中国現代史の分水嶺と評価される中国共産党第一一期三中全会が北京で開催された。同会議では、毛沢東思想を「完全に正確に把握する」方針が提起され、「二つのすべて」論を厳しく批判し、今後の党の政治路線として、「社会主義現代化建設」に重点を置くことが正式に宣言された。この会議の閉幕を境として、中国は本格的な改革開放時代に突入した。[5]

経済改革はまず農村から始まったが、農民の自発的欲求に従う形で農村の各戸請負制（大包幹、生産高連動請負制）を実施した結果、目覚ましい躍進を遂げることができた。[6]都市においても、商品経済化（市場経済化）を求めて、企業の損益自己負担化、所有権と経営権の分離というような考え方が示され、行政経済からの離脱が目指された。[7]

改革開放政策の全面的な実施の中で、中国は一九八四年から次第に経済成長のピッチを上げた。一九八四年度の工業総生産高は七・六一七億元（前年度比では一三・六％増）と急速な伸びを示し、中でも長年一桁台に低迷していた軽工業部門の成長率が一三・四％に上昇し、生活必需品、とりわけ耐久消費財の増産が顕著になった。[8]農業総生産高も前年度より九・五％増の三・一二一億元となり、食糧（四億七三〇万トン、前年度比では五・二％増）、綿花（六二五・八万トン、前年度比では三四・九％増）の増産をはじめ、主要農作物の豊作を迎えた。[9]

一方、一九七八年一二月における日中平和友好条約の締結に引き続き、翌七九年一月一日には米中国交正常化が実現するなど、国際情勢は中国の対外経済交流にとって有利な方向に転じた。このような外部環境の好転に応じて、中国指導部は対外開放の新たな試みを始めたが、それは「経済特区」の設立に象徴される対外開放政策であった。[10]一九七九年七月、党中央は広東省と福建省の党委員会から出された対外開放の特殊政策の実施に関する二つの報告を承認し、両省内で対外経済活動における弾力的措置と特殊な政策を導入することを認めるとともに、開放政策を象徴する「中外合資経営企業法」の実施を発表した。その翌年の三月二四日から、党中央は「広東・福建両省会議」を広州で開き、特区設立の報告を承認し、その名称を「経済特区」と正式に決定した。また、一九八〇年五月に、中央政治局は『広東・福建両省会議紀要』を批准し、広東省の深圳、珠海、汕頭《スワトウ》と福建省の厦門《アモイ》を経済特区に設立する地域として指定した。

中国指導部は経済特区の機能を、技術の窓口、管理経験の窓口、知識の窓口と対外政策の窓口とし[11]、外国からの技術、管理経験を導入することを期待していた。四つの経済特区は設立されて以来、目覚ましい発展を遂げた。一九八四年一月二四日から二月一七日にかけて、深圳、珠海、厦門の三経済特区を訪問した際、鄧小平は「経済特区はすばらしい」と特区設立決定の正当性を強調すると同時に、対外開放地域を四つの経済特区からさらに沿海地域まで拡大する意向を明らかにした。鄧小平のこのような発言の影響を受け、一九八四年五月に第六期全人代第二回総会で一四の沿海都市を「対外経済技術開発区」に指定することが決定された。一九八五年二月には、長江デルタ、珠江デルタ、福建南部デルタでの対外開放政策の拡大が許可され、遼東半島、山東半島の全域が「沿海経済開発区」に指定された[12]。

対外開放の拡大とともに、一九八四年四月のレーガン米大統領の訪中によって、米中関係改善が進展するにつれて、米国資本の対中進出が活発化した。また、同年九月二六日に、中国と英国との間で香港の中国への返還に関する外交交渉が合意に達したことにより、英国からの対中投資の増加はもちろん、香港経由で中国大陸との国際交易がますます熱を帯びるようになった。

一九八五年から日本、欧州と台湾からの対中投資も急増した。その結果、一九八五年度の中国の対外貿易額は六九六億ドル（前年比三〇％増）に達した（表1を参照）。外国からの外資導入（外国政府、民間企業、華僑資本）は契約金額が一〇〇・七億ドル（前年比一一〇・二％増）に達したが、そのうち実行された金額は四四・九億ドル（前年比六六・二％増）であった（表2を参照）。

しかし、表1および表2のデータから読み取れるように、「四つの経済特区」の設立と対外開放の拡大によって、

（表 1）　対外貿易の推移

単位：億ドル、%

年度	貿易総額	輸出	輸入	差額
1979	293.3(42.1)	136.6(40.1)	156.7(43.9)	-20.1
1980	381.4(30.0)	181.2(32.7)	200.2(27.7)	-19.0
1981	440.3(15.4)	220.1(21.5)	220.2(10.0)	-0.1
1982	416.1(-5.5)	223.2(1.4)	192.9(-12.4)	30.3
1983	436.2(4.8)	222.3(-0.4)	213.9(10.9)	8.4
1984	535.5(22.8)	261.4(17.6)	274.1(28.1)	-12.7
1985	696.0(30.0)	273.5(4.6)	422.5(54.1)	-149.0
1986	738.4 (6.1)	309.4(13.1)	429.0(1.5)	-119.6

注：括弧内は前年比増加率
出所：『中国統計年鑑』1991 年版

（表 2）　外資導入の推移

単位：件、万ドル、%

	1983 年		
	契約件数	契約額	実行額
対外借款	52	151,331	105,468
外国人直接投資	470	173,144	63,521
その他	168	18,546	28,075
合計	690	343,021	197,064
	1984 年		
対外借款	38	191,642 (26.6)	128,567 (20.8)
外国人直接投資	1,856	265,048	125,761
その他	310	22,446	16,124
合計	2,204	479,136	270,452
	1985 年		
対外借款	72	353,421	250,596
外国人直接投資	3,073	593,110	165,848
その他	-	61,028	33,308
合計	3,145	1,007,559	449,752

注：(1) その他は商業信用など
　　(2) 括弧内は前年比増加率
出所：『中国対外経済貿易年鑑』各年度

対外貿易総額は着実に伸びつつあったものの、対外貿易収支における赤字は一九八四年から拡大しつつあり、特に日本をはじめとする先進諸国との貿易が膨大な赤字を生んだため、外貨が急激に減少した。[13] この時期、巨額の対日貿易収支の赤字が中国にとって深刻な問題となった。中国は、日本側が対中商品輸出に熱心なのに比べて、対中直接投資と技術移転には消極的であることに不満を持っていた。[14]

一九八五年八月には、そのような対日経済不満が中曽根康弘首相の靖国神社公式参拝によって政治問題と結びついた結果、中国では「日本軍国主義反対」「日本の経済侵略反対」「日本製品ボイコット」をスローガンとした学生デモまで行われた。[15] さらに、一九八四年から八五年にかけて、四つの経済特区や一四の沿海開放都市など、拠点方式による外資や技術の導入が期待どおりに進まなかった。一九七九年から八三年に設立された一九〇の合弁企業のうち、資本集約型がわずか一二%で、そのほとんどが労働集約型であった。同時期の外資との合作経営の七六%が不動産開発の分野、すなわちホテルなどの非生産性企業で、中国政府が特に重視していたエネルギー開発、港湾建設、輸送、通信、機械、電子、原材料部門など生産性企業はわずか二四%に留まっていた。

以上のような問題に直面し、中国は一九八〇年代初めから従来の対外開放方式および対外経済戦略について再検討せざるをえなくなった。経済体制改革のブレーンである劉国光は、「深圳経済特区の発展の戦略的目標は、外国市場向き（外向型）で、先進工業を主とし、貿易と農業を結合した総合型であり、高度技術ではないが比較的先進的な技術による伝統工業の改造にある」[16] と論じた。一九八五年九月、マクロ経済管理国際シンポジウムが開かれたが、そこでは、中国の対外経済について、「従来の輸入代替型から、輸出主導型への戦略転換が必要であり、輸出構造も従来の原料、初級製品から、製造品や精密加工品を主としたものに変えていくべきである」と議論された。

要するに、当該時期における中国の対外開放方式や対外経済戦略における共通の認識として、経済発展の基本的制約条件は、外貨をどれほど保有しているのか、また、先進技術の吸収能力がどのレベルにあるのかという二点にまとめられた[17]。そして、その対応措置として、輸出振興による外貨の獲得と、適正技術を導入して伝統部門に改造を加えるという方向で対外経済戦略が練り直されつつあった[18]。

2 対韓経済交流の促進と「政経分離」政策

一九八〇年代前半の国際経済環境は中国にとって厳しいものであった。さらに、以上で考察したように、中国と西側先進諸国との経済協力もスムーズではなかった。そこで、中国は一九八〇年代半ばから既存の対外経済戦略を見直しはじめたが、その際、技術の導入先と対外経済交流の主な対象国として浮上したのが近隣の韓国であった[19]。なぜなら、中国にとって、韓国はこれまでの主要な技術移転先としての日本、米国に比して中国との技術格差が小さいので導入がしやすく、コスト面で安いだけでなく、貿易においても相互補完性が高いからである。

技術移転先の転換は、中国が対外開放を実施して以来、技術移転の面で大いに依存してきた西側先進諸国、とりわけ日本からの技術導入が一九八五年以降急落しつつあったことから見て取ることができる。日本からの技術移転に減少傾向が見られたのは、円高の影響を受けて中国からのプラントおよび技術の受注が落ち込み、一九八四年から焦点となった貿易不均衡の問題に対処するために、中国が輸入抑制策を採用したことにもその理由の一端がある。しかし、より大きな理由は、中国が一九八〇年代半ばから技術導入先、貿易相手先を分散してきたことであると考えられる。

そのような状況を反映するように、一九八四年の中韓貿易総額は、前年比三六・二％増の五億九八〇〇万ドルに達成し、八五年には前年比九四・一％増の一一億六一〇〇万ドルまで増加した。その後、中韓貿易は引き続き拡大し、一九八八年には三〇億ドルを突破するに至った。[20] 着々と増加する中韓貿易は、一九八〇年代半ばから縮小の傾向にあった日中貿易とは好対照をなしていた。日中貿易は、一九八六年に入って、前年比一八・六％減の一七二億一八〇〇万ドルまで減少し、八七年には前年比四・三％減の一六四億七二〇〇万ドルに落ち込んでいた。[21]

そもそも、中国は対韓経済交流の必要性を感じていたものの、北朝鮮に配慮していたため、一九八〇年代半ばまで、韓国との公式の経済交流を一切避けてきた。それは、一九八〇年一月二五日、黄華外交部長が内部報告を行った際、「南朝鮮と中国との関係の大きな門は現段階で明らかに『関門不上鎖（ドアは閉めているが、鍵はかけていない）』の状態にあるが、いつでも開けることができる。しかし、現在は開けることができない。さらに、貿易すら許可することができない。現在一部の海外商人が南朝鮮の代わりに中国海外貿易部と関係を結んでいる。伝えられる話によると、燃料、航空、特産物、薬剤の販売など幾多の交易がすでに行われているが、その数量は極めて少ないそうだ。朝鮮が気づかないように、避けることのできることは避けるのが最善策だ[22]」と指摘したことからも見て取れる。

しかし、中国の対韓経済交流の忌避政策は、一九八〇年代後半に入ってからなし崩し的に放棄されつつあった。一九八五年、秦華孫中国国連常駐大使および中国国際貿易促進委員会（ＣＣＰＩＴ）の解建群副会長をはじめとする中国経済専門家代表団が国際連合開発計画（ＵＮＤＰ）の仲介で韓国の浦項製鉄を視察した。[23] 視察の際、解建群副会長は韓国外務部アジア局の金錫友《キムソクウ》局長に、新日本製鉄との協力関係において、日中双方の間で不協和音が存在していることに言及したうえで、中国の製鉄建設に対する韓国政府の協力を要請した。[24] 解建群副会長の要請に対して、金錫友局長は「中国の製鉄建設への韓国の協力は可能であるが、両国の国交正常化が実現することが前提条件である」と答えた。当該時期、韓国は対中関係において、経済交流と政治外交関係の樹立を連動させるために、「浦項製鉄カード」を使いはじめたと金錫友元局長は回想している。[25]

中国は韓国政府からの技術移転だけでなく、韓国の民間企業に向けても対中技術・資本の投資を呼びかけていた。一九八五年九月、ある中国企業からの経営相談の要請を受け、香港に駐在する韓国鮮京商社の韓国人社員らが中国の各地工場への視察を終えた後、同企業を訪れた。同企業の経営者は鮮京商社の社員らに「靴工場を改造したいが、何が必要であるか教えてほしい」と助言を求めると同時に、商社の同靴工場への投資をも要請したのである。[26]

一九八五年の後半、上海社会科学院の機関誌である『社会科学』に、「アジア太平洋経済体制と上海経済発展戦略」という論文が掲載された。同論文は「日本、韓国、台湾、シンガポール、オーストラリアの西太平洋の経済発展ベルトの中枢に韓国が位置している」という認識に立ち、「韓国と台湾がもし従来のように中国に敵対的な立場を堅持する場合には、経済的に立ち遅れ、アセアン諸国に追いつかなくなるが、それは香港とシンガポールにとって得となるだろう。その結果は南朝鮮と台湾当局にとっては受け入れがたいことである」と指摘した。[27]これは逆に言えば、中国が対韓経済交流の促進の意思を持っていることを示したものであった。外資・技術の導入のほかに、以上でも触れたように中国は韓国との間接貿易を拡大したが、一九八五年の中韓貿易総額は中朝貿易を上回る程度であった。[28]中韓貿易が中朝貿易を超過したのは中韓貿易が急拡大していたからであるが、それとともに一九七〇年代後半から北朝鮮の経済が行き詰まり、対中輸出品目の生産が滞ったことからバーター貿易を基本としている中朝貿易が縮小の傾向をたどったためでもあった。[29]

さらに、一九八四年に入ってから、中国は香港居住または外国国籍の韓国人ビジネスマンに限って、ビザの発行を許容しはじめた。ラッキー金星（LG）の千辰煥《チョンジンファン》香港支店長が同年四月に広州交易会に参加するため、中国を訪問したのをきっかけに、一九八五年の初めには大宇の米国国籍の関係者が、同年九月には鮮京の香港居住の商社員が中国を訪問したのである。さらに、一九八五年半ばからは韓国商社の中国における連絡事務所の設立も許可されたが、香港の大宇、三星などは香港支店の名義で北京などの各地で連絡事務所を設置しはじめた。

一九八〇年代半ば以降、中国は経済的動機の高まりに基づいて、韓国との経済交流の促進に踏み切ったが、他方で、韓国の大企業や商社も、中国への視察、投資、貿易関係の拡大を求めていた。[30] しかし、北朝鮮に配慮していたため、「政経分離」原則の下で、経済交流のみを拡大しようとする中国側の意図とは異なって、韓国政府の目標は中国との外交関係の樹立であり、経済交流においても公式の経済貿易関係の構築に固執していた。

第2節　全斗煥政権の北方政策と「政経不可分」原則

一九八五年に国連開発計画の仲介で韓国の浦項製鉄所を訪れた中国経済専門家代表団の解建群副団長による「中国の製鉄建設に韓国政府が協力してくれるのか」との質問に対して、金錫友局長は「当然可能である」と答えて、韓国政府として協力の意思があることをアピールした。しかし、金錫友局長は続けて「ただし、一つ付け加えなければいけないことがある。すなわち、中韓外交関係の樹立が前提条件になるべきである」と述べた。[31] 中国経済専門家代表団は帰国の後、中央政府に韓国の経済状況に関する報告を提出していたが、その報告の要旨は、韓国の経済成長について高く評価するものであり、朝鮮半島においても、政治的建前より経済発展という実利を追求すべきというものであった。[32]

興味深いことに、ほぼ同じ時期に鄧小平が韓国との関係改善について言及していた。一九八五年八月一日、中韓関係改善の仲介役を務めていた竹入義勝・公明党委員長が鄧小平に、韓国の全斗煥大統領の「中国と国交を開き、事務所を設置し、貿易を進めたい」との親書を手渡した。その際、竹入が「中国はいつまでも北（朝鮮）に遠慮があるのではないか」と質問したのに対し、鄧小平は「分かっている。韓国との関係についてはやる」[33]と、対韓関係改善の意思を漏らしていたのである。

金錫友局長の上記発言は、韓国政府が民間経済界の圧力もあって、対中経済交流を行いたいとの意思を反映したものであったが、経済交流を外交関係の樹立と連動させようとした意図がもっと大きかった。すなわち、韓国政府は中国との純粋な経済交流よりは、政治外交関係の樹立に力を入れていたのである。深川由起子の分析によれば、社会主義圏との交流――いわゆる北方政策――において韓国が最も交際材料を持つ分野は経済であり、当初、社会主義国との経済交流は政治的な目的達成の手段といった色彩が濃かった[34]。

全斗煥政権の北方政策は基本的に朴正熙政権時代のそれを踏襲したものであった。ニクソン・ドクトリンの発表とソ連、中国との関係改善に踏み出したニクソン政権は、韓国政府に対して北朝鮮と直接対話をすること、国際連合に同時加盟することを提案した。一九七一年当時、アメリカ国務省の韓国課長であったアブラモビッツは、「朝鮮半島で最も望ましい状況は、南北朝鮮の間の軍事的対決の緩和であり、そのために韓国は北朝鮮不承認政策を北朝鮮承認政策に転換すべきである」[35]と主張した。すなわち、南北朝鮮の相互承認を通じた朝鮮半島の緊張緩和を成功させるために北朝鮮はもちろんのこと、ソ連と中国および東欧諸国に対しても積極的な外交的接近を行うことを韓国はアメリカに求められたのである[36]。

アメリカの影響もあって、韓国政府は一九七一年一月に貿易法を改定して、いわゆる「非敵性国家」であるソ連、中国および東欧諸国との交易を許容するに至った。一九七一年八月には金溶植外務部長官が国会で「もしソ連と大陸中国が大韓民国に対して敵対的な行動を取らないのであれば、大韓民国政府はそれらの国々と外交関係を樹立する意思がある」[37]と表明した。さらに、一九七二年五月一六日、朴正熙大統領は「社会体制が異なっても我々に対して敵対的な行動を取らなければ相互主義と対等性の下で、それらの国家と協力するつもりである」[38]と述べた。韓国政府は北朝鮮との間で「南北共同声明」を発表した翌年の一九七三年六月二三日には「六・二三宣言」を発表して、「理念と体制を異にする国家」に対して門戸を開放することと、それらの国の韓国に対する門戸開放を求めたのである。朴正煕政権の対共産圏接近政策によって、韓国はソ連と一部東欧諸国との間で非公式レベルにおける交流を実現することができたのである。

一九八一年に誕生した全斗煥政権は、同年末に国家保安法に統合する形で「反共法」を廃止し、翌年六月には、ソ連、中国、東欧諸国に一方的に最恵国待遇を与えた。一九八三年六月二九日には、李範錫《イボムソク》外務部長官が国防大学院で演説した際、「これから我々の外交が解決すべき課題は、ソ連および中共との関係を正常化させる北方政策の実現にある」と述べ、「ソ連と中共は国連安保理の常任理事国であり、ともに北朝鮮と同盟条約を締結し、朝鮮戦争に直接関与している国であるため、朝鮮半島の平和維持のためには両国と善隣関係を結ぶ必要がある[39]」と主張した。

全斗煥政権の「北方政策」について金達中《キムダルジュン》教授は以下のように評価している。同教授は、「政府の『六・二三宣言』に従って、北朝鮮の国際社会の進出についてのこれまでの黙認政策を、選別的な黙認または封鎖政策へと転換させた政府の方針から分かるように、当時（全斗煥政権）の北方政策は、本質的に消耗的な北朝鮮との対決の構図を崩すものではなかった[40]」と指摘した。また、盧泰愚大統領の政策補佐官を務めた朴哲彦《パクチョロン》は「北朝鮮の同盟体制を弱体化させ、北朝鮮との競争で相対的な優位を確保しようとした過去の戦略は、結果的に、北朝鮮はもちろんのこと、中国、ソ連からも警戒を受けざるをえなかった[41]」と分析した。これらの分析から分かるように、朴正煕政権から全斗煥政権における北方政策は、ソ連、中国との外交関係の樹立を通じて、北朝鮮の軍事的挑発を抑制すると同時に、北朝鮮を孤立させることを究極的な目標としていたため、実利を優先する漸進的な関係改善より、政治・外交関係の樹立を優先視していたといえる。一九八三年五月五日に起きた中国民航機ハイジャック事件の解決をめぐる交渉で、中国側が双方の接触は民航総局間の民間接触であると主張したのに対し、韓国側は政治的性格を強調し、政府間の接触であることに固執したと、元中国民航総局長の沈図が回想している。[42]

一方、一九八〇年代初めから全国経済人連合会(以下、全経連と略)をはじめとする韓国の民間経済団体および民間企業は、中国との経済交流に大きな関心を示し、貿易だけでなく、対中投資にも積極的な反応をみせた。一九八四年から中国が香港居住の外国国籍の韓国ビジネスマンにビザを発給しはじめたが、これをきっかけに、韓国の民間企業は香港での支社開設に動き出し、さらに、八五年の半ばから香港支社の名義で中国大陸に連絡事務所を設置するに至った。

一九八五年一月一一日、全経連は「中共の現段階の経済状況と展望」という報告書を発表し、「韓国と中共は国際貿易で相互競争的な関係に置かれているが、両国の経済協力が活性化される場合、相互利益をもたらす分野が多い」と両国の経済協力の可能性について指摘した。[43]具体的には、まず、中国は石炭・石油などの主要エネルギー供給源になりうる。つぎに、韓国からは中間資本財および耐久消費財(テレビ・ラジカセなど)の対中輸出が可能である。そして最後に、中国の技術水準は一部を除き工業化の初期段階にあり、建設・プラントの分野でも進出が可能である。[44]そして、対中接近を図るための五項目の対中進出策が提示された。その内容として、対中進出の前進基地として香港を利用する、中国での展示会に参加する、香港・アメリカなどの国々に設立した現地法人の名義で対中進出を図る、中国内での韓国商品の広報活動を積極的に展開する、民間経済団体が主軸となって多角的な接触を模索する、の五点が挙げられた。[45]

この時期、韓国の民間経済界が対中投資に注目しはじめたのは、中国側が積極的な投資誘致策をとったことと、一九八〇年代半ばから韓国の国内における賃金の上昇と深刻な労使紛糾、ウォンの切り上げ、先進諸国の貿易保護主義による輸出環境の悪化など国内外の経済環境が変化したからであった。しかし、経済界の対中投資は一九八七年末までほとんど実施されず、本格的な投資は八八年二月の盧泰愚政権の登場によって行われるようになった。韓国企業が対中投資の意欲を持っていたものの、一九八七年までなかなか実施に移せなかった理由として、中国の投資環境におけるインフラの不備、経済情報の不足、投資保護協定など制度の不備に加えて、国交が結ばれていないがゆえにリスクが大きいという経済界の共通の認識があったからである。

しかし、韓国企業が一九八〇年代半ばまで中国に進出できなかった最も大きな理由は、韓国政府が対中経済交流に消極的であったためであると考えられる。言い換えれば、中国が対韓「民間経済交流」を通じて経済的実利を追求しようとしたのに比べ、「政経不可分」政策を取っている韓国政府は中国との純粋な経済交流より、政治外交関係の樹立を優先視していた。したがって、政府主導の下で運営される韓国企業の対中進出は、政府の対中方針に大きく左右されざるをえず、一九八〇年代半ばまでほとんど実績をあげることができなかったのである。[46]

第3節 「スポーツ交流」の公式化

1 ソ連・北朝鮮関係の緊密化と中国の対ソ牽制

一九八〇年代初めから、中国は日本をはじめとする先進諸国との貿易赤字を解消するために輸出市場を拡大し、技術・資本の導入の不振を解決するために、輸入先の多様化と資本・技術をより競争的に導入することを必要としていた。時を同じくして、韓国は国内産業構造の変化によって海外の新しい投資先を探しており、先進国の貿易保護主義の影響を受け、輸出市場の拡大を図っているところであった。しかし、韓国政府が対中経済交流において「政経不可分」政策を前面に打ち出したこともあって、一九八〇年代半ばまで中韓経済交流は大きな進展をみせることができなかった。

前節でも述べたように、一九八五年に鄧小平が韓国との関係改善について言及したにもかかわらず、中国はなぜ韓国が望んできた貿易事務所の相互設置など公式の経済関係の樹立に踏み出せなかったのであろうか。結論を先に言えば、一九八〇年代初めから北東アジアにおける政治的・軍事的プレゼンスを強めていたソ連への北朝鮮の傾斜とそれによる朝鮮半島の平和と安定の崩壊を防ぐために、中国は北朝鮮に刺激を与えうる対韓関係の発展に格別に慎重にならざるをえなかったのである。

一九八〇年代初め、ソ連は北東アジアにおける「反ソ包囲網」の形成に強い危機感を感じていた。一九七八年の日中平和友好条約の締結、七九年一月一日の米中国交正常化、そして同年七月には在韓米地上戦闘部隊の撤退が正式に凍結されたことと、同年末のソ連のアフガニスタン侵攻による中ソ外務次官級会談の中止、さらにレーガン政権の誕生による日米韓の「戦略的協調」などは、ソ連にとって脅威にほかならなかった。

この「反ソ包囲網」から脱出するために、ソ連は一九八二年におけるブレジネフのタシケント演説を通じて中国に関係改善を呼びかけ、八五年にはゴルバチョフがウラジオストクで演説を行い、日本、オーストラリア、ニュージーランドとの交流拡大への意思を表明した。また、アセアンや南太平洋島嶼諸国との協力の可能性にも期待を表明した。さらに、ソ連は北朝鮮との関係の強化にも力を入れ、一九八四年から両国の間では、政治的、経済的、軍事的な交流が急速に拡大された。

政治方面においては、要人の相互訪問が活発に行われたが、一九八四年四月の金日成の訪ソ、一一月のカピッツァ外務次官の訪朝、八五年三月のラフマニン・ソ連共産党中央委員会国際部第一副部長の訪朝、同年四月の金永南《キムヨンナム》外相の訪ソと八月のアリエフ第一副首相の訪朝、一二月の姜成山《カンソンサン》首相の訪ソ、八六年一月のシェワルナゼ外相の訪朝が実現した。経済方面においては、ソ連の対朝貿易は一九八三年まで下降傾向にあったが、八四年四月の金日成訪ソを契機に、ソ連の対北朝鮮輸入額は、八四年の四億七一〇〇万ドルから八六年には一一億八六〇〇万ドルまで跳ね上がり、ソ連からの増え続ける経済援助によって北朝鮮の貿易赤字は補填されることとなった[47]。さらに、ソ連は石炭や石油を国際市場での価格より安い、割引価格で北朝鮮に供給していたのである。軍事的には、一九八四年末以降、ソ連軍用機の北朝鮮領空横断飛行が実現し、八五年七月にはソ連海軍艦艇の北朝鮮寄港まで実現したのであった。

ソ連は北朝鮮への軍事的、政治的プレゼンスの拡大が中国に対する敵対行為ではなく、日米韓の「戦略的協調」に対するソ朝両国の共同行動であることを強調し、中国の参加を呼びかけていた。しかし、一九八二年に「独立自主の対外政策」を発表して、「全方位外交」と「緊張緩和外交」を展開していた中国にとっては、ソ連の対北朝鮮接近が中ソ関係改善における「第四の障害」と認識されたと考えられる。なぜなら、ソ朝軍事協力の強化は北東アジアにおける日米韓の軍事協力の増大をもたらすが、それは中国の経済建設のための平和な周辺環境の維持にマイナスの影響を与えかねないからである。より重要な点は、小此木政夫教授が指摘したように、インドシナ問題で手詰まりをみせている中国が北朝鮮の「第二のベトナム化[48]」を憂慮し、それを阻止しようとしたことであった[49]。こうした理由から、中国はソ連の北東アジアにおける軍事プレゼンス拡大を批判し、ソ朝軍事協力についても非難の矛先をソ連に向け、北朝鮮への批判は自制したのである。

一方、北朝鮮については、一九八三年一〇月九日に起きたラングーン（ヤンゴン）事件に対して、鄧小平が激怒し、北朝鮮側の誰とも会うことを拒否するなど[50]、中朝関係は一時冷却していた。しかし、それにもかかわらず、一九八四年一月のレーガン大統領と趙紫陽総理の会談に見られるように、中国は北朝鮮の提案した三者会談構想を米国に伝えるなど、米国、韓国、北朝鮮との間で仲介役を演じており、米国による中国を含めた四者会談の提案に反対する北朝鮮の立場への支持を表明するなど、中朝友好関係の強化に努めていたのである。

2　中国のソウル・アジア大会への参加

以上のような理由で、中国は対韓経済交流が必要であったにもかかわらず、韓国政府が要求する両国における正式な経済関係の樹立を拒否した。そこで、一九八〇年代半ばまで韓国との間で第三国を介する間接貿易は着々と増大しつつあったものの、中国が欲する韓国からの資本、技術と管理経験の導入は実現できなかった。韓国からの資本、技術の導入を必要としている中国は、ソウル・アジア大会への参加を中韓経済交流を拡大させるための引き金として利用しようとした。

そもそも、中国にとって「スポーツ交流」は、文化大革命の後、国際社会に復帰するために利用されたと言われる「ピンポン外交」のように、常に外交手段として利用されてきた[51]。周知のように「ピンポン外交」は米中両国が「スポーツ交流」を政治に利用した典型的なケースであった。

一九七一年三月二八日から四月七日にかけて、日本の名古屋で開催された第三一回世界卓球選手権大会において、米国卓球協会会長のステインホーベンが中国卓球協会主席代理の宋中に米国卓球チームの訪中の希望を伝えたのに対して、中国は最初これを拒否した。しかし、中国指導部は試合の最終日に直ちに米国チームを招請することを改めて決定し、その旨を米国チームに伝えたが、米国政府はそれを中国の対米関係改善の意思表明であると判断し、米国チームを中国に派遣した。この「ピンポン外交」をきっかけに、その後、水面下における米中外交関係者の間の何回にもわたる交渉を通じて、両国は関係改善を果たすことができたのである。中国が一九八〇年代をかけて、韓国との「スポーツ交流」を積極的に推進した理由として、国際社会における台湾の外交攻勢に反撃することも排除できないが、当時の中国にとって対韓経済交流の拡大がもっと重要であったと考えられる。

その一方で、韓国も対中関係改善の方策として、実は一九七〇年代初めから対中「スポーツ交流」の進展に力を入れてきた。一九七三年、韓国外務部東北亜二課によって作成された、対中関係改善のための提案「民間ベースによる対中共接近」の第五項は、「外国に遠征している中共のピンポンチームを招請すること、中共で開かれる競技への参加を推進する」という内容で構成された[52]。

その後、韓国は中国で開かれる国際スポーツ大会への参加の意思を何回も表明したが、中国側の冷淡な対応で、「スポーツ交流」を通じて中国に接近しようとした韓国の意図は一九八〇年代初めまで実を結ぶことができなかった。その一例として、一九七九年六月一〇日、中国・杭州で開催された世界バドミントン連盟(WBF)の第二回世界選手権兼第一回バドミントン・ワールドカップ大会にメンバー国の韓国が参加を決めたものの、中国から入国ビザが発給されなかったため、韓国選手団の同大会への参加は実現しなかった。また、一九七九年九月、中国・上海で開かれたサッカーの第二一回アジア・ユース選手権に、第二〇回大会で優勝した韓国が同大会への参加の意向を固めたものの、中国側からの招請が得られず、韓国選手団の同大会への参加は不可能となった。

ところが、一九八四年になると中国と韓国の間では非公式ではあるが、ようやく「スポーツ交流」が始まるようになったが、その背景には、中国の対外政策における革命外交から柔軟外交への転換の影響があった。そして、一九七〇年代末から始まった「里帰り交流」を契機とする中韓非政府間交流の「積み重ね」も両国の「スポーツ交流」の展開にプラスの役割を果たした。中国は一九八四年から韓国が提案した中韓「スポーツ交流」に応じはじめたが、八四年二月二九日、葉飛中国全人代常務副委員長は北京を訪問していた日本の戸塚進也衆議院議員との会談で韓国との交流問題について言及した。葉飛は、「中国は南朝鮮で開かれる国際的なスポーツ、文化活動や国際会議には積極的に参加していく方針である[53]」と言明した。

中韓「スポーツ交流」の第一号となったのが、一九八四年三月二日から四日まで中国雲南省昆明市で開催されたテニスのデビスカップ東洋ゾーン準々決勝での韓国選手団の参加であった。韓国選手団は役員二人、選手六人の合計八人で構成されたが、新華社香港支社でビザを受け取り、同年二月二五日に香港からの中国民航機342便で昆明空港に降り立った。中国テニス協会副会長の牟作雲と雲南省テニス協会副会長の盧洪生らが空港に出迎えたが、彼らは通訳を通じて韓国選手団に「遠くからはるばるやってきたことを歓迎する。お会いできて嬉しい」と挨拶した。また、大会開催までの一週間、中国は韓国選手団一行を西山、龍門、青湖など中国の名勝地見物に案内した。その一方で、大会が始まる直前に、大会での韓国の国家の呼称、国旗の掲揚と国歌の吹奏が問題となった。韓国選手団の国旗の掲揚と国歌の吹奏に関する要請を受け、両者の間で交渉が行われたところ、中国は韓国の名前を英語で「SOUTH　KOREA」、中国語で「韓国」と表記することは許可したが、韓国の国旗の掲揚と国歌の吹奏については拒否した。また、中国は北朝鮮に配慮したため、大会の場所を昆明市から二十数キロ離れた郊外に設け、メディアによる放送も控えた。韓国チームは三日間の勝負で、一対四の成績で中国チームに敗北したが、新中国誕生以来三五年ぶりに中国への訪問を実現できたこと自体に外交的な意味があった。

韓国選手団の中国訪問に続いて、中国選手団の初めての韓国訪問も実現した。一九八四年四月七日から一九日にかけて、ソウルで開かれた第八回アジア・ジュニア・バスケットボール選手権大会に中国選手団の初参加が実現した。中国選手団は役員一二人と選手二四人の合計三六人で構成されたが、同年三月二八日に香港の韓国総領事館から入国ビザを受け取り、四月五日に香港から出発し、ソウル金浦空港に到着した。

大会はソウル市の郊外にある蚕室体育館で開催されたが、大会直前に韓国側が中国側の要請を受け、大会開会式での中国国旗の使用を認めたため、台湾が同大会をボイコットする事件まで起こった。五星紅旗を掲げて大会会場に入場した中国選手団は、観客の熱烈な拍手で迎えられた。また、試合中の中国選手団に関する韓国のマスコミの報道はピークに達した。一三日間にわたる試合の結果、中国の女子チームは勝利し、男子チームは敗北したが、大会最終日の授賞式では中国の国旗の掲揚と国歌の吹奏まで行われた。この大会で韓国は台湾の強い反対があったにもかかわらず、国旗の掲揚と国歌の吹奏についての中国の要望に応えたが、それは「スポーツ交流」を中国との関係改善に繋げようとする韓国の戦略であったと考えられる。他方で、中国は北朝鮮の反発を憂慮して、国内メディアによる同大会の報道を全面禁止したのである。

以上のような両大会のほかにも、中国と韓国の間では、一九八四年四月にソウルで開かれた第二回アジア水泳選手権大会に中国が選手団を派遣し、同年一〇月には韓国が上海で開かれたアジア女子バスケットボール選手権大会に選手団を送るなど「スポーツ交流」が活発となった。

ただし、この時期における中韓「スポーツ交流」はかなり制限されたものであった。中韓「スポーツ交流」において、韓国の熱意に比べて中国の態度は対照的であった。韓国側は観客を大挙動員して中国選手団の韓国入りを熱烈に歓迎し、台湾の抗議があったにもかかわらず、大会における中国の国旗の掲揚および国歌の吹奏の要望に応じた。また、韓国メディアはいずれも中韓「スポーツ交流」についてトップニュースで報道し、中国との「スポーツ交流」を積極的に喧伝した。

それに比して、中国は韓国との「スポーツ交流」を国内で報道せず、大会での韓国の国旗の掲揚および国歌の吹奏は一切認めなかっただけでなく、交流の最初の段階では韓国の報道陣の選手団との同行をも禁止した。さらに、中国のスポーツ大会への招待と参加の表明は、国際機構または第三国、特に日本を媒介として韓国側に伝えられた。要するに、中国は北朝鮮の反発を最小限に食い止め、北朝鮮にできるだけ刺激を与えない形で、韓国との交流を非公式に進行しようとした。

しかし、一九八六年六月、ソウル・アジア大会への参加を申し込むに当たって、中国は従来どおりの国際機構または第三国を介することなく、大会参加の意思を直接ソウル・アジア大会組織委員会に伝えた。中国は五一五人からなる大代表団をソウルに派遣しただけでなく、大会のレセプションで韓国側に「北京にもどうぞ直接来てください[54]」と伝達した。北朝鮮に依然として配慮していた中国は、ソウルに選手団を派遣する一方で、ソウル・アジア大会開催中の一〇月三日に李先念国家主席を北朝鮮に派遣した[55]。さらに、中国外交部の馬毓真スポークスマンは「アジア大会参加は決して南朝鮮に対する中国の立場の変更を意味しない。アジア・オリンピック委員会の正式メンバーであるわが国は同委が行うすべての活動を支持する義務がある[56]」と、ソウル・アジア大会への参加の理由を説明した。

興味深いことに、ソウル・アジア大会への参加を明らかにした一九八六年六月、ある中国体育関係者が「できるだけ大会参加の意思の表明を遅らせてきた[57]」ことを明らかにした。また、ソウル・アジア大会中、袁偉民中国選手団団長が韓国選手団の本部を訪ねた際、韓国の金シュ団長の日中韓三ヶ国間のスポーツ交流に関する提案に対して、積極的な反応をみせたのである[58]。

3 北朝鮮への配慮――「説明外交」から「説得外交」へ

以上の考察から分かるように、中国は対韓経済交流の促進、とりわけ韓国からの先進技術の導入の触媒として、ソウル・アジア大会に参加したのである。しかし、一九八〇年代初めからアジア太平洋地域に積極的に進出しているソ連が当該地域における政治的・軍事的プレゼンスを高めている状況の下で、北朝鮮をソ連へと追いやらないためにも、中国は韓国との経済交流を進めると同時に、「スポーツ交流」に神経を尖らせている北朝鮮に対して説明外交を展開した。

一九八〇年代半ば、新華社香港支社の社長である許家屯が、姫鵬飛外交部長に韓国との直接経済交流の提案を行った際、姫鵬飛外交部長は「もはや私たち中国側だけで解決できる問題ではなくなっている。北朝鮮の金日成に対してどう配慮するかが一番の問題なのだ。金日成は、この件ですでにさまざまな口をはさんできている[59]」と指摘した。また、一九八四年三月一八日、胡耀邦総書記は訪中した伊東正義・日中議連会長との会談で、中国がソウル五輪大会に参加するかどうかについての伊東会長の質問に対して、「中国は国際的競技については国際ルールと慣行に従って行っている。このことはすでに朝鮮民主主義人民共和国にも通告している[60]」と表明した。また、万里副総理は訪中した日本記者団との会見で、「今のところ南朝鮮と関係を結ぶ条件が揃っていないし、中国は北朝鮮と友好関係を持っている。南朝鮮との『スポーツ交流』は、国際慣例に基づいて行うことであり、決して韓国政府を認めることではない[61]」と強調した。

さらに、ソウル・アジア大会がまだ開催中の一九八六年一〇月三日に中国は李先念国家主席を北朝鮮に派遣したが、それはソウル・アジア大会をボイコットした北朝鮮が韓国を牽制するために行った、ポーランドのヤルゼルスキ統一労働者党第一書記および李先念主席の平壌訪問の招請に応じるためであった。ソウル・アジア大会への参加について、一九八六年一〇月六日、胡啓立政治局委員は日本の代表団との会見で「ソウル・アジア大会への中国選手団の参加は、決して韓国との外交関係の樹立を意味するものではない[62]」と強調した。

中国は北朝鮮に中韓「スポーツ交流」に関する説明を行うのと同時に、指導者の相互訪問、経済支援と外交協力を通じて、北朝鮮との親密な関係、すなわち党際関係の強化を図ろうとした。まず、両国の指導者による相互訪問である。一九八四年二月七日に、金永南北朝鮮副総理兼外相が中国を訪問し、同年五月四日には胡耀邦総書記が北朝鮮を公式に訪問した。そして、八月五日には姜成山総理の中国への公式訪問、一一月二六日には金日成主席の中国訪問が実現した。一九八五年には、五月四日に胡耀邦総書記の北朝鮮新義州への訪問、一〇月二四日に中国人民志願軍の朝鮮戦争参戦三五周年記念行事への李鵬総理を団長とする中国代表団の北朝鮮訪問、一一月二五日に金日成の訪中が実現した。

中国がソウル・アジア大会に参加した一九八六年には、七月九日に中朝友好協力相互援助条約二五周年行事に出席するための李鍾玉《リジョンオク》国家副主席を団長とする北朝鮮代表団が中国を訪問し、翌一〇日には田紀雲副総理を団長とする中国代表団が北朝鮮を訪問し、一〇月三日には李先念国家主席が北朝鮮を公式訪問したのである[63]。さらに、中国はレトリックに留まるものではあったが、北朝鮮の主張する在韓米軍の撤退[64]に同調しただけでなく、北朝鮮の主張する「高麗民主連邦共和国[65]」という連邦制の朝鮮半島統一方式についても支持を表明した。ソウル・アジア大会開催中の一九八六年一〇月三日、北朝鮮を訪問した李先念副主席は、金日成主席との会談で「我々は米国が朝鮮の内政への干渉を停止させ、南朝鮮からすべての軍隊と軍事装備を撤収させるべきであり、朝鮮人民自身が外部勢力の干渉なしに国家の平和的統一問題を解決すべきであると一貫して主張してきた」と述べ、北朝鮮の自主的統一方針に支持を与えたのである[66]。

そして、北朝鮮との経済協力においては、中国は改革開放の初期段階から北朝鮮の指導者を中国の経済特区の視察へ案内し、自国の経済発展の経験を紹介するなど、北朝鮮の対外開放を促し、そのために日本、米国の協力をも要請していたのである。それと同時に、一九八五年一月一六日、訪中した孔鎮泰《コンジンテ》副総理の率いる北朝鮮政府経済代表団との会談において、胡耀邦総書記は「中朝両国の経済関係は誠実な相互援助および協力の関係である。中国はできるかぎり北朝鮮に対して国際主義的援助を継続して提供する[67]」と言明して、北朝鮮への経済支援を約束した。一九八四年一〇月二三日には、鄧小平が訪中した鈴木善幸元日本首相に北朝鮮の開放政策について語った際、「日本の企業も利潤のみを考えず、北朝鮮に足を踏み入れるべきだ[68]」と日本の北朝鮮への積極的な投資を求めていた。

さらに、ラングーン事件の翌日の一九八四年一月一〇日に北朝鮮が提案した三者会談について中国は支持を表明し、米国と北朝鮮との間で仲介役の役割を果たした。北朝鮮の最高人民会議で三者会談の提案が決定された翌日の同年一月一一日、中国外交部スポークスマンは三者会談の提案について「朝鮮半島の緊張情勢を緩和する上で有利であり、南北朝鮮の平和統一の促進にも有利である。中国は三者会談の開催に積極的な支持を与える」[69]と、記者団の質問に答えた。一九八五年一一月一一日、鄧小平はアメリカのキッシンジャー元国務長官と会見した際に「アメリカは三者会談を推進すべきであり、そうすれば南北朝鮮間のさらなる接触を促進し、朝鮮半島の情勢安定にもとても有利となる。三者会談の重要な意義は南北双方会談を遥かに超えている」[70]と強調して、アメリカの三者会談への参加を積極的に勧めたのである。

これまで考察したように、一九八〇年代前半、中国は韓国と経済交流を促進する一方で、北朝鮮とは党際関係を強化していた。中国にとって北朝鮮との党際関係の強化自体が目的ではなかったものの、緊密なソ朝関係を離間させることと、中韓関係の進展に対する北朝鮮の反発を最小限に抑制する意図を持っていたがゆえに、中国は北朝鮮との党際関係を強化せざるをえなかったと考えられる。一九八〇年代半ばにおける中国の対北朝鮮外交は、八〇年代初めまでのそれに比べると新しい特徴が見られる。すなわち、一九七〇年代末、中国が北朝鮮を刺激しないために対韓接触が行われるたびに北朝鮮に展開した「説明外交」が、八〇年代半ばにいたって「説得外交」に転換しはじめたのである。

4 「スポーツ交流」の拡大とその影響

第1節で考察したように、中国は一九八〇年代初めから韓国とのスポーツ交流を開始した。しかし、当初のスポーツ交流は北朝鮮に刺激を与えないことを前提に、非公式に行われたにすぎず、そのような中国の対北朝鮮配慮に韓国も了承を与えていたのである。それに比べ、一九八六年九月一九日に北朝鮮がソウル・アジア大会をボイコットしたにもかかわらず、中国が同大会へ公式に参加したことは、北朝鮮にとって衝撃であったと考えられる。それをよく反映するように、朝鮮労働党の機関紙である『労働新聞』は、ソウル・アジア大会を「南北対立を煽る不純な競技会である」と非難した。また、黄長燁《ファンジャンヨプ》朝鮮労働党書記は中国のソウル・アジア大会への参加問題についての日本記者団の質問に「兄弟国家といっても、各々の政策がみんな一致することはありえない」と述べた。さらに、張雄《チャンウン》五輪委員会書記局長は「中国からの参加通知を私は受けていない」と厳しい表情で答えたのである[71]。

北朝鮮の中国への不満とそれに対する中国の配慮は、中国政府指導者の一連の措置からも見て取ることができる。一九八〇年代半ば、鄧小平は「韓国と民間交流を行うことは大変重要なことである。しかし、このような民間交流は北朝鮮の理解を得ながら慎重に進めるべきである[72]」と指示を与えた。しかし、興味深いことに、鄧小平は一九七〇年代半ばから韓国の経済発展については関心を持っていたものの、韓国との民間交流、とりわけ民間経済交流の展開について発言したのはこれが初めてであった。同じ時期、鄧小平は「中韓関係の発展は、私たちにとってやはり必要である。第一に、商売ができ、経済上メリットがある。第二に、韓国に台湾との関係を切り離させることができる[73]」と述べたのである。

中国は北朝鮮への配慮のため慎重な姿勢を崩さなかったが、国際行事に限って対韓交流を従来の非公式レベルから公式レベルに格上げするという政策転換が行われていたのである。そのような政策転換の影響の下で中国のソウル・アジア大会への参加が実現されたわけであるが、同大会への参加が端緒となって、その後、一九八八年のソウル五輪大会への中国の参加および九〇年の北京アジア大会への韓国の参加が可能となった。

上記のような「スポーツ交流」の慣例化のほかに、ソウル・アジア大会後の中国と韓国の間には、商品交易の拡大、企業関係者の相互訪問、技術文化分野における交流、離散家族の相互訪問の増加が目立つようになった。ソウル・アジア大会開催中、他の国の選手団団長たちとともに袁偉民中国選手団団長も全斗煥大統領と会見したが、それ以降中韓交流が盛んになり、次章で詳細に説明するが、民間貿易代表部設置のための条件が形成されるようになったと、初代駐韓中国大使であった張庭延が回想している。[74]

一九八七年以降、中国と韓国の間にはとりわけ経済交流が活発化した。香港経由の中韓間接貿易は、一九八六年の六億五二八〇万ドルから、八七年には約二倍の一一億八七八〇万ドルに急増し、八八年にはさらに二〇億九五八〇万ドルにまで達した。中国側が最も欲していた韓国からの間接・直接投資は韓国政府の消極的な対応で大きな進展はなかったが、投資件数および投資金額は着々と伸びつつあったのである。

小結

以上のような考察を通じて、本章ではつぎのような三点を明らかにした。

まず、一九七八年一二月一八日から二二日にかけて開かれた中国共産党第一一期三中全会における「改革開放政策」の発表を契機に、中国では農村、都市における本格的な改革と「四つの経済特区」に象徴される対外開放が積極的に展開された。一九八〇年代初め、農業、工業分野における改革は大きな発展を遂げたのに比べ、対外開放は予期した成果をあげず、対外経済戦略の転換の方向は中国指導部を悩ませる大きな問題となった。第1章で詳しく分析したように、当該時期の中国にとって、とりわけ日本からの貿易赤字を解消し、日本の対中技術移転が必ずしも積極的ではないという問題を解決するための方策が必要であった。その際、注目されたのが対中経済交流を積極的に呼びかけている韓国であった。中国は新しい輸出市場を開拓し、技術・資本の導入先を分散させることを通じて、韓国からの実利を獲得すると同時に、日本を刺激して対中技術移転および直接投資を促そうとしたのであった。

つぎに、以上のような対外経済戦略の下で、中国は一九八〇年代半ばから韓国に対して経済交流を呼びかけた。しかし、中国は北朝鮮に配慮していたため、対韓経済交流を非公式で、間接的な「民間交流」に留めようとした。中国は「政経分離」政策の下で、韓国との経済交流を通じての実利を重んじた一方で、公式の対韓経済関係ないし政府間関係の発展は忌避していたのである。経済利益のみを重視する中国に比べ、外交関係の樹立を最大の外交課題としていた韓国は、「政経不可分」原則を掲げながら、中国に対して経済交流の可能性を積極的にアピールしつつも、公式の経済関係または外交関係の実現を条件として掲げた。

最後に、中国は韓国からの経済協力を必要としながらも、ソ連のアジア太平洋進出とソ連の影響力の拡大によるソ朝関係の緊密化を恐れていたため、韓国との公式の経済関係の樹立を避けていた。しかし他方で、韓国との経済交流を拡大するために、中国は全斗煥政権が最も重要な外交課題として掲げたソウル・アジア大会とソウル五輪大会の開催に注目したのである。したがって、北朝鮮がソウル・アジア大会をボイコットし、中国の同大会への参加を批判的に捉えていたにもかかわらず、中国は大規模な選手団をソウル・アジア大会に派遣したのである。

一九八六年のソウル・アジア大会を契機として、中国と韓国の間では、これまで非公式的に行われてきた「スポーツ交流」が公式に行われることになった。「スポーツ交流」の公式化および「民間交流」の積み重ねの影響もあり、一九八七年から双方の貿易は急激に増加し、韓国からの対中間接・直接投資も小規模ではあるものの、着実に増加するようになったのである。

第4章 「民間経済外交」の展開と外交チャンネルの構築

――民間貿易代表部の相互設置を中心に

一九八〇年代前半まで、中国は「南朝鮮、イスラエル、南アフリカなどの政治的立場が異なる国家との貿易については、政治を考慮せざるをえず、貿易を行うことは考慮できない[1]」と規定し、「中韓貿易はない。あったとしても、たまたまある地方が貿易していたにすぎず、中央はあずかり知らぬことである[2]」と主張するなど、一貫して韓国との直接経済交流を忌避または否認してきた。しかし、一九八〇年代半ばに入ると、中国の対韓政策に変化が訪れた。第3章で詳しく分析したように、中国は民間レベルにおける経済交流を韓国に打診していたのである。しかし、韓国側が公式の経済関係と政府レベルにおける交流に固執したため、この時期、中韓両国は経済交流において目覚ましい成果をあげることができなかった。

ところが、一九八八年に入ると中国の対韓姿勢にさらなる変化が現れた。一九八八年初めに中央政府から山東省に韓国との直接経済交流を行う権利が付与されたのを皮切りに、同年九月から中韓貿易事務所の相互設置に関する交渉が中国国際商会・山東分会と大韓貿易振興公社の間で行われるようになった。一九八九年に入ってからはその交渉のレベルが山東省から中央政府のある北京市に格上げされ、何回にもわたる交渉を経て、九〇年一〇月二〇日に最終的に中国国際商会と大韓貿易振興公社の間で貿易事務所の相互設置に関する合意が達成された。

そして、一九九一年一月と四月には、北京とソウルにそれぞれ領事機能をも含む民間貿易代表部（処）が相互に設置されたのである。

本章は、中韓民間貿易代表部の相互設置に関する交渉の過程を考察することを通じて、一九八八年から九一年にかけての中国の対韓「民間経済外交」の展開とその決定要因を分析すると同時に、「民間経済外交」が中韓関係に果たした役割をも考察することを目的とする。その際、二〇〇九年後半から新たに公開されつつある中国側の当該時期の外交当局者へのインタビュー内容[3]と実務関係者の回顧文、および二〇一一年に出版された韓国の元大統領盧泰愚の回顧録と当時韓国政府に政策提言をしていた韓国産業研究院（ＫＩＥＴ）の資料を主に利用して、分析を行う。

第1節　「沿海地区経済発展戦略」と中韓直接経済交流の開始

1　「沿海地区経済発展戦略」と山東省の対韓開放

一九八〇年代における中国外交は、七〇年代末までのそれに比べ、著しい調整が行われた。その調整とは「反米外交」「革命外交」に標榜されるように、外交政策の主な目的が政治・軍事のためのものから経済最優先に転換され、いずれかの超大国との対立を軸に展開された外交政策が「主要敵なし」の全方位外交に、さらに統一戦線外交から問題ごとに協力か対立かを決める「是々非々外交」に一転した[4]。

外交政策の内容の変化は、対外関係にも影響を与えた。一九八〇年代の対外関係は米ソ両超大国との関係の調整から始まった。一九八一年からイデオロギーを問題にし、反中国的主張を表明して、親台湾政策を標榜するレーガン政権が誕生したことで対米関係は一時悪化したが、八二年八月一七日、台湾への武器供与問題の取り扱いについて米中双方が妥協案に合意し、共同コミュニケを発表することで一応の改善を見た。さらに、一九八四年にはレーガン大統領が中国を訪問することで、両国の関係は修復の軌道に乗った。

一方、ソ連との関係は、一九八二年三月二四日、ブレジネフ書記長がタシケント演説の中で、「いかなる条件もつけずに中ソ関係改善について交渉しよう」と提案したことに鄧小平が注目した[5]ことにより、一九八二年一〇月、両国の外交部副部長／外務次官の間で関係改善の交渉が始まったのである。交渉で中国は「三つの障害」（中ソ国境からの撤退、ベトナムのカンボジア侵略への支援中止、アフガニスタン侵略の中止）の除去を関係正常化の前提条件に掲げたが、一九八四年末のソ連のアルヒホフ第一副首相の訪中に続き、八六年のゴルバチョフ書記長のウラジオストクでの演説――中国との関係における「三つの障害」の除去に真剣に取り組むことを約束――を通じて、両国の接近が加速した。

さらに、中国は毛沢東時代の「負」の遺産を清算し、信頼を取り戻すため、一九八〇年代初めからアジア近隣諸国との関係改善に踏み出した。とりわけ、傷跡が大きかったインドネシアとは一九八四年のモフタル外相の中国訪問と翌年の呉学謙外交部長のインドネシア訪問をきっかけに、両国の関係改善が軌道に乗った。また、ベトナムとの関係にも進展が見られ、陸上国境地帯で続いていた両国の軍事衝突が停止した。さらに、インドとの関係も一九八六年までの緊張状態が八八年末から修復に向かった。

以上で述べたように、中国は対外関係の調整に尽力し、自国をめぐる国際環境が緊張緩和に向かいつつあることを利用して、一九八〇年代後半から従来の対外経済戦略を練り直すと同時に、本格的な対外開放に踏み切った。その背景要因として、まず、一九八一年から動き出した四つの経済特区や八四年四月から設けられた一四沿海開放都市など、拠点方式による外資の誘致や技術の導入が期待どおりに進まず、八〇年代半ばから、日本をはじめとする先進諸国との貿易が膨大な赤字を生んだだけでなく、[6]農産物・石油価格の下落によって外貨が急激に減少したことが指摘される。言い換えれば、このような状況は、外資と技術の導入、外貨稼ぎを目的とした特区にとって期待を裏切るものであった。[7]つぎに、一九八七年一月の胡耀邦総書記の突然の辞職を契機として、保守派の力が前面に強く出てきた国内政治情勢が、八七年一〇月の中共一三全大会における趙紫陽総書記の登場と指導部の世代交代によって、改革派優位に進んだことが挙げられる。さらに、同党大会で、趙紫陽によって報告された「社会主義初級段階論」が党の基本路線の根拠として承認されたことは、その後の改革開放のさらなる拡大の原動力となったのである。

以上のような状況の下、一九八八年一月、趙紫陽総書記は新しい対外経済戦略として「沿海地区経済発展戦略」[8]を発表し、同戦略は翌二月六日に党中央政治局の第四回全体会議で承認されたのである。「沿海地区経済発展戦略」とは、「大進大出」(原材料を大いに輸入し、加工・製品を大いに輸出する)を原則とした労働集約型産業を育成し、新興工業経済群(ＮＩＥｓ)とも相互補完関係を構築して、環太平洋地域のプラス循環を持続させようとする中国経済の開発シナリオであった。[9]この「沿海地区経済発展戦略」の発表をきっかけに、中国では対韓経済交流の促進に関する最高指導者の発言や報道が現れはじめた。

趙紫陽総書記は、一九八〇年代半ばから日本、韓国、台湾、シンガポールが対米黒字増から為替切上げを迫られ、低賃金を求めて新しい投資先を模索している状況をチャンスと捉え、「我々は歴史上、何回か開発の好機を逸したが、今回こそ逸してはならない」[10]と強調した。中国の最高指導者が韓国との経済交流を重視する公式的な発言を行ったのは、これが初めてであった。一九八八年四月には、田紀雲副総理が韓国との直接経済交流の可能性について言及しつつ、「韓国と直接交易を行うことによって、中国の日本依存度を低下させることができる」[11]と表明した。さらに、一九八八年五月一八日付の中国政府系の権威ある経済紙『中国経済日報』は、毎週経済観察の欄に「遼東半島、山東半島および天津、河北からなる渤海地帯は重工業、機械、建築材料、エネルギーを主導的な産業として、日本、南朝鮮、ソ連、東欧国家との経済貿易関係を重点的に発展させるべきである」[12]との評論を掲載したのである。

そして、一九八〇年代後半に入って、中国は韓国との経済交流を本格的に展開しはじめ、中韓経済交流は活化しつつあった。この時期における中韓経済交流は、一九八〇年代半ばにおいて、中国の主張した「政経分離」政策に基づく中韓間接経済交流に韓国政府が反対し、対中間接経済交流について消極的であったため、中韓両国が経済面で大きな成果をあげることができなかったこととは対照的なものであった。

一九八八年初め、中国政府は「沿海地区経済発展戦略」の一環として、韓国と海を介して隣接する山東半島を対外経済開放区に指定し、韓国人向けのビザ発給の権限を山東省政府に付与することで、山東省に韓国との経済交流を担当させることを決定した[13]。さらに、同年四月には鄧小平の指示によって、田紀雲副総理を長とする「中韓経済調整グループ（中韓経済協調小組）」が国務院に設置された[14]。同グループは経済交流を中心に、韓国と関連する実務の全般を管轄する行政部署であった。同グループが設置されるまで、韓国に関連する業務を統括する行政部門が存在しなかったことに鑑みると、中国は事実上この時期から本格的な対韓関係改善に踏み切ったことが推察される。

しかし、中国は北朝鮮に配慮していたため、当面、韓国との関係において山東省を窓口とし、経済交流に限定しようとした。中国政府が山東半島に対して全面的な対外開放を実施し、対韓経済交流の窓口として山東省を指定した背後には、以下のような経緯があったと考えられる。

中国は、一九七八年に改革開放政策を実施してから、八九年に経済調整政策に踏み切るまでの間、二度にわたって対外開放拡大政策を実施した。一度目は一九八四年五月のことであり、趙紫陽総理が第六期全人代第二回会議での政府活動報告において、経済体制の改革と対外開放の遂行を重点目標と規定した。二度目は一九八七年九月における中共一三全大会で対外開放地域をさらに拡大することが決議されたが、その具体的な措置として、北の遼寧省から南の海南島に至るすべての沿海地域を開放し、これらの地域に労働集約型の産業を育成して、輸出主導方式の経済を建設するという構想が発表された[15]。

そのような対外開放の拡大政策によって、中国は一九八〇年に設置された深圳、珠海、汕頭、厦門の四つの経済特区に引き続き、八四年五月には、大連、秦皇島、天津、煙台、青島、連雲港、南通、上海、寧波《ニンポー》、温州、福州、広州、湛江、北海の一四の沿海都市を経済開放都市として拡大し、海南島の開放まで決定した。一九八五年二月には、長江デルタ、珠江デルタ、閩南《びんなん》三角地帯を経済開放地区として増設した。さらに、中共一三全大会における対外開放地域を一層拡大するとの決定の一環として、一九八八年一月に発表された「沿海地区経済発展戦略」に基づき、中国は同年四月に、韓国と黄海を介して隣接している山東半島と遼東半島をも対外経済開放区として指定した。すなわち、中国は一九八八年まで、すべての沿海地域を対外開放し、これらの地域に労働集約型の産業を育成して、従来の輸入代替方式から輸出主導方式による経済を建設する方針を固めたのである。

こうした対外開放方式の転換は、当時、四つの経済特区や一四の経済開放都市など、拠点方式による外資や技術の導入が期待どおりに進まず、また、日本をはじめとする先進国との貿易が膨大な赤字を生み、外貨が急激に減少したことに起因していた[16]。したがって、中国は輸出振興により外貨を獲得し、適正技術を導入して伝統部門に改造を加えるという方向で、対外経済戦略を練り直したのである[17]。このような背景の下、中国は急速な経済発展を遂げており、中国とは経済上、相互補完性が強い韓国に目を向けはじめたのである。

以上で述べたように、山東半島は「沿海地区発展戦略」に基づいて、対外開放され、また、中央政府の指示によって、対韓経済交流の窓口として指定されたのである。山東半島が当時、国内において唯一の対韓経済交流の窓口として指定されたのは、以下のような理由によると推測できる。まず、山東半島において設置されたばかりの経済開放区が韓国との経済交流を通じて、先進技術、資本、管理経験を獲得し、対外取引の経験を蓄積することにより、経済成長を達成することに目的があった。つぎに、中国東南部に集中している外資の導入を北東部に移転させるためであった。山東省は韓国と地理的に最も近接しており、韓国には山東省出身の華僑が多いため、韓国企業の対山東省直接投資が期待されたためであった[18]。それに加え、山東省は韓国と距離的に近いものの、遼寧省のように北朝鮮に隣接していないため、北朝鮮からの警戒を招かないというメリットもあった[19]。

2 盧泰愚政権の「政経連係」政策と貿易事務所設置交渉の開始

一九八八年二月二五日の大統領就任式において、盧泰愚大統領は「我々と交流がなかった大陸国家にも国際協力の道を広くして北方外交を活発に展開するつもりである。理念と体制が異なるそれら国家との関係改善は、東アジアの安定と平和、共同の繁栄に寄与するだろう。北方へのこの外交的通路はさらに統一に繋がる道を開いてくれるだろう[20]」と述べた。さらに、同年三月一日における「三・一節」六九周年の記念式典において、盧泰愚は「祖国統一の道を開くためには、いつ、どこでも誰とも会いたい。それがいくら厳しくても躊躇せず、また恐れずその道を開拓するつもりである。我々と外交関係がない北方の大陸国家と積極的な関係を開拓する考えである。新しい時代はそれら国家との幅広い交流の道を開きたいし、それは統一に向かっている我々の前進に最初のドアを開いてくれるだろう[21]」と表明した。また、一九八八年七月七日には「民族自尊と統一繁栄のための特別宣言（七・七宣言とも言う）」を発表し、南北の人的交流、交易、門戸開放と同時に、中国・ソ連をはじめとする社会主義圏国家との関係改善を積極的に追求することが表明された[22]。

以上のような盧泰愚大統領の発言から見て取れるが、この時期に大統領の社会補佐役を務めていた金学俊も指摘したように、盧泰愚政権の「北方外交」は前政権における北方政策とは異なり、北方政策と統一政策を密接に関連付けた点にあった。[23] この点以外にも、この時期の北方政策にはもう一つの大きな特徴が見られる。それは、中国・ソ連をはじめとする共産圏諸国との経済交流の重視とその本格的な推進である。このような特徴は北方諸国を単に商品の市場、原料の供給地と見なすにすぎなかった全斗煥政権による政策を遥かに超えた目的が盧泰愚政権にあったことを示していた。

それは、盧泰愚大統領の政策補佐官を務めた朴哲彦の論文から確認することができる。[24] 朴補佐官は、第六共和国政府が北方政策に最も大きな努力を注いでいる理由について、以下のように述べている。まず、この時代この民族の最大の念願である民族問題の解決の糸口が「北方政策」に内包されているためである。つぎに、アジアの辺境国家から中心国家に発展するためには、我々の外交が世界の半分、すなわち西側に限定されている状態では、世界史における真正な主役になることができないため、外交の領域を共産圏まで拡大する全方位外交と外交の世界化を達成する必要があった。最後に、経済的な面に関しても、北方政策は我々に新しい活路をもたらしてくれる良いきっかけを与えてくれるため、我々は貿易を通じて成長と発展を持続するべきである。そのためには、中国、ソ連はもちろんのこと、すべての社会主義国家と経済的パートナーとして相互に協力しあわなければならない——と。

しかし、対共産圏外交に関して、これまでの政権と比べ、上記のように盧泰愚政権は北方諸国との経済交流を本格的に推進したとはいえ、一九八九年初めまでの対共産圏外交は依然として共産圏諸国による「政経分離」政策を理解する一方で、「政経連係」原則を受け入れさせるための努力が続けられたのである。したがって、上記の中国の意図とは対照的に、韓国は山東省との経済交流を対中関係改善の糸口として活用しようとした。

一九八八年三月初め、盧泰愚大統領は「山東省と友好関係を構築し、まず山東省を掴むことによって、中国との国交正常化の窓を開ける」[25]との戦略に基づき、山東省との交流に動き出した。具体的な措置として、盧泰愚大統領は大統領候補時代に対中関係改善の方案として取り上げた「西海岸開発構想」[26]の実現に乗り出した。まず、韓国政府は一九八八年六月までに、国務総理を委員長とする「西海岸地域開発促進委員会」を発足させることを決定し、七月から西海岸地域における港湾、工業団地などの建設に着手することを正式に発表した[27]。政府のこうした動きと同時に、同地域の開発に強い関心を示したのが、韓国の大手企業であった。現代自動車は、京畿道の南陽湾で一六〇万平米の土地を確保し、そこに自動車部品工場の建設を計画した[28]。また、起亜産業（現・起亜自動車）は三千億ウォンを投資して、群山第一工業団地内に大韓重機特殊鋼工場を建設する計画を立てていたのである[29]。これに加えて、韓国政府は民間貿易代表団の名義の下で、山東省に続々と使節団を派遣した。

以上のような背景の下で、一九八八年四月から、山東省と韓国の間では、民間経済貿易代表団の非公式的な相互訪問が頻繁に行われた[30]。そのような中、一九八八年六月、大宇グループの金宇中《キムウジュン》会長を団長とし、金復東《キムボクトン》を大韓貿易振興公社（ＫＯＴＲＡ）[31]の顧問とする民間貿易代表団が山東省を訪問した際、貿易事務所相互設置の構想が金宇中団長によって初めて提起されたのである[32]。そして、貿易事務所相互設置の構想は、同年八月二五日から九月四日まで、中国国際商会（ＣＣＯＩＣ）山東分会の民間投資誘致団が韓国を訪問した際に具体化された。

ここで注目すべきは、貿易事務所の相互設置をめぐり、中国と韓国の間に明確な戦略的意図のズレが存在したことである。つまり、中国は当面の「沿海地区経済発展戦略」を成功させるために、韓国からの資本と技術を獲得する必要があったために韓国との経済交流を促進しようとしていた。そのため、中国は韓国との政治外交関係の発展は考慮に入れず、貿易事務所を中心に経済関係のみを形成しようとしたのである。しかし、上述の盧泰愚大統領の発言からも分かるように、中国の意図とは対照的に、韓国は中国との貿易事務所の相互設置を経済交流に限定せず、政治外交関係の発展のための突破口と位置づけていたのである。貿易事務所相互設置をめぐる中国と韓国の意図の温度差は、以下の貿易事務所の設置交渉において随所に表れることになる。

第2節　交渉レベルの格上げと交渉の中断

1　台湾の「弾性外交」と交渉レベルの格上げ——山東省から北京へ

一九八八年九月三日、大韓貿易振興公社（ＫＯＴＲＡ）の朴英秀《パクヨンス》社長が、韓国を訪問した中国国際商会・山東分会の民間投資誘致団に対して、「中国と韓国は、経済交流において相互補完的関係にあるにもかかわらず、公式の交渉窓口の不在により経済業務を推進する効率性が低い。双方の間で貿易事務所の相互設置が望ましい」と、貿易事務所相互設置の必要性を唱えたが、山東省側も経済利益の考慮から同社長の意見に同調したことで、貿易事務所相互設置に関する第一次交渉が開始された。

しかし、貿易事務所の設置に関する具体的な内容について、両者の意見のギャップは大きかった。まず、貿易事務所の設置場所であるが、山東省側が青島とソウルを提案したのに対し、韓国側は中央政府がある北京とソウルを主張した。つぎに、貿易事務所の名義については、山東省側が中国国際商会・山東分会の香港支社である華潤公司と大韓貿易振興公社の香港現地法人の名義にしようとしたのに対し、韓国側が大韓貿易振興公社と中国国際貿易促進委員会[33]の名義を主張した。さらに、貿易事務所の機能については、民間経済を発展させるための経済・貿易の窓口にすると主張する山東省側と、貿易事務所は経済協力だけでなく、出入国への便宜の提供、展覧会への参加の促進、貿易使節団の派遣などを含む総合連絡窓口にすべきであるとする韓国側との間には、意見の対立が大きかった。一言でいえば、中国が対韓関係を非公式の民間レベルにとどめようとしたのに対して、韓国は政府レベルまたは公式的な民間レベルを目標として掲げたのである。結局、第一次交渉は両者の意見の対立が深刻であったため、決裂することとなった。

ところが、一九八九年に入ると、中国国際商会の鄭鴻業会長代理から、「南朝鮮の民間経済組織と接触しており、北京と漢城（ソウル）に貿易代表部を設置する可能性を模索している」[34]との発言が旧正月新年交歓会でなされた。鄭鴻業会長代理の同発言は、韓国との貿易事務所相互設置における交渉レベルの格上げと交渉再開の意思の表明にほかならなかった。一九八〇年代初めから中韓間接貿易に神経を尖らせていた北朝鮮の反発を憂慮して[35]、八八年当初、中央政府は対韓直接経済交流の権限を地方政府の山東省に付与し、山東省に限って対韓直接経済交流を許可したが、なぜ、この時期に中国は貿易事務所設置の交渉レベルを中央政府のある北京に格上げしたのであろうか。

一九八八年における耐久消費財輸入の激増、非生産的合弁企業の乱立、密輸、投機、脱税と急激なインフレによる経済的危機が趙紫陽の改革開放路線に打撃を与え、八八年九月の中共一三期三中全会においては、「今後二年間の経済政策としての経済環境の整備と経済秩序の整頓」[36]の方針が打ち出された。したがって、一九八八年末から中国の経済が経済成長より経済的安定に中心を置く調整期に入ったことから考えると、対韓経済交流拡大の切迫性は、中国が貿易事務所設置の交渉レベルを山東省から北京に格上げした主な要因とは思われない。そこで、本節では中国が対韓貿易事務所の設置を急いだ核心的要因として、台湾・李登輝政権の「弾性外交」に危機意識を抱いた中国政府の対応措置に着目する。

一九八八年一月、蔣経国から引き継ぎ後任の総統に就任した李登輝は、対中政策において前政権がこれまで固執してきた「三不政策」（共産党とは妥協せず、接触せず、交渉せず）に修正を加えた。すなわち、李登輝政権は、中国を政治的実体として承認するとともに、中国の統一原則である「一個中国（以下、一つの中国）」の対応論理として、中国と国交を有する国々と外交関係を回復または樹立する「双重承認論」を提起しただけでなく、国際機構への復帰または参加も精力的に推進する、いわゆる「弾性外交」を展開しはじめた。このような台湾の対外政策転換は、台湾社会内部の経済社会の成長と発展、国民党の政策決定過程の変化による現実主義的な政策要求によって形成されたものであるとはいえ[37]、中国政府当局者にとっては「二つの中国」の作り出しと「台湾独立」に繋がる深刻な問題として受け止められた。趙宏偉の研究[38]によると、中国の最高政策決定者である鄧小平は、「蒋経国の死」と「李登輝の継承」という時点で、「統一問題の解決は以前より武力に頼らざるをえなくなっている」と認識し、鄧小平のこの新しい考え方を受けて党中央は、武力統一を主要な手段とし、武力統一のための準備を怠りなく進めることになった。

さらに、中国は早くも対応措置の一環として韓国との関係改善を利用して、台湾と韓国の関係に楔を打ち込もうとした。例えば、一九八〇年代半ばから蒋経国の健康悪化を憂慮しはじめ、平和統一政策から武力行使を伴う統一政策を検討するようになった[39]。鄧小平は、一九八五年四月に「中韓関係の発展は、私たちにとってやはり必要である。第一に、商売ができ、経済上メリットがある。第二に、韓国に台湾との関係を切り離させることができる[40]」と言明した。鄧小平は引き続き、一九八八年の半ば頃に「中国の観点からみると、対韓関係の発展は、我々にとって害を及ぼすものではなく、有利なものである。経済上、双方にとって有利であり、政治上、中国の統一に有利である[41]」と、繰り返し韓国との関係改善の重要性を強調したが、それは対韓関係改善を利用し、台湾の「弾性外交」に打撃を与えようとする中国の意図を如実に反映していた。

一方、一九八八年七月に正式に政権の座についた李登輝が台湾における勢力基盤を拡大するにつれ、「弾性外交」も実質的な成果をあげるようになった。一九八八年の後半、台湾はエジプトと連絡事務所を相互設置することに合意し、イギリスとは関係改善が推進され、パナマとの間では国交が樹立されるなど、外交空間を拡張しつつあった。

台湾が国際社会で外交的守勢から攻勢に転じたことに直面して、中国は対抗措置として台湾と国交正常化を樹立する国々とはすでに結んだ国交を切り離す一方で、すでに台湾と国交を結んでいる国々および通商関係を有している国々とは関係を改善することを通じて、それらの国々に台湾との政府間または準政府間関係を断絶させる行動に踏み切った。中東における台湾友邦のバーレーンと中国の国交正常化（一九八九年四月）、サウジアラビア、およびアジアにおける台湾の最重要なパートナーであるインドネシア、シンガポールへの中国の外交的接近は、台湾の弾性外交に手痛い打撃を与えたに違いない。アジアにおいて唯一台湾と国交を結んでいる韓国に対して、中国が一九八九年初めに貿易事務所相互設置の交渉レベルを格上げしたことは、そのような対台湾封じ込め戦略の一環として行われたと理解する必要があるだろう。

一九八九年に入ると、中国は早速、中国国際商会の鄭鴻業会長代理を通じて、交渉再開の意思を韓国側に伝達すると同時に、大韓貿易振興公社に招待状を送った。そこで、一九八九年三月二三日、大韓貿易振興公社を中心とし、外務部、商工部、経済企画院の政府関係者によって構成された民間貿易代表団（団長：ＫＯＴＲＡ李宣基《イソンギ》社長）が北京を訪問し、第二次交渉が再開された。第二次交渉では、第一次交渉の際に問題となった貿易事務所の設置場所に関しては、韓国側の主張どおり北京とソウルにすることで合意をみたが、名義と性格については、中国側が第三国の現地法人の名義を使用する非公式的な民間レベルを主張したのに対し、韓国側が政府または公式的な民間レベルに固執したため、両者の間には意見の対立が埋まらなかった。さらに、今回の交渉では韓国側が貿易事務所に領事機能を付与すべきとの内容を付け加えたが、中国側がそれに反対したこともあって、第二次交渉は結局、成果なく決裂する運びとなった。

第二次交渉が失敗してから二ヶ月も経たない五月一七日に、大韓貿易振興公社の招聘で、中国国際商会のメンバーから構成された民間貿易代表団がソウルを訪問し、第三次交渉が行われた。第三次交渉再開の背景には、韓国の対中政策の見直しがあった。言い換えれば、中国が台湾の外交攻勢に強い危機感を抱いたため、韓国との関係改善を急いだことは、以上の分析から実証されたが、であるからといって貿易事務所相互設置に関する交渉で必ずしも中国のみが焦りをみせたわけではない。

一九八七年の大統領候補時代から中国との国交樹立を選挙公約として掲げた盧泰愚は、八八年二月二五日に大統領に就任すると、中国との関係改善に本腰を入れて取り組んだ。一九八八年の年頭挨拶の際、盧泰愚大統領は「今年一〇月におけるソウル五輪の開催後、北京がソウルに貿易代表部を設置し、大韓民国も北京に貿易代表部を設置することを希望する。まずは、直接貿易からはじめ、漸進的に外交関係を樹立する」[42]と明言した。しかし、対中関係改善の第一歩として踏み切った貿易事務所相互設置交渉の途中での度重なる挫折に直面して、対中国交正常化を任期内に実現させることを最高目標に掲げた盧泰愚大統領は、従来の対中政策を再検討せざるをえなかった。

一九八九年三月に全国経済人連合会（全経連）の朝食会で外務部によって明らかにされた「北方経済政策の推進方向」[43]は、盧泰愚政権発足直後の北方政策の内容[44]に比べると、以下の二点に修正が加えられた。まず、相互信頼が構築されていない状況において、国交正常化なしには本格的な経済協力は不可能であるとの認識の下で、共産圏諸国の「政経分離」政策を理解しつつ、「政経連係」原則を貫徹すべきという従来の原則について、政治的問題が経済交流の障害にならないことを前提として、さらなる修正を加えた。つぎに、共産圏諸国との関係改善において、これまで推進されてきた政府主導の方式が、経済分野においては基本的に民間交流を主要な方式とし、機が熟した時点で、民間協力を政府間の公式的な関係へと発展させるという方針へ切り換えられたのである。

以上のような対中政策転換を背景として、大韓貿易振興公社が中国国際商会に交渉再開を呼びかけたことによって、第三次交渉が再開された。第三次交渉では、貿易事務所の名義について、韓国側が政府レベルから公式的な民間レベルに譲歩を示したことに比べ、中国側は依然として第三国の現地法人、すなわち、非公式の民間レベルに固執した。また、領事機能付与の問題について、中国側が貿易事務所に領事機能を付与するとしても民間機構がビザの発給など一部にとどめるべきであると主張したが、韓国側は領事機能が外務部の独自の権限であり、「貿易協定」と「投資保護協定」を結ぶためにも政府レベルの貿易事務所の設置が望ましいと強調した。両者の間で意見が大きく対立し、交渉が並行線を辿っていたところ、一九八九年六月四日の天安門事件の発生で、中国側交渉団は召還され、第三次交渉は一時的に中断されることになった。

2　国内政治の不安と交渉の中断

改革開放政策に則って順風満帆であった中国外交は、一九八九年六月四日における天安門事件を契機に暗転した。事件の発生とそれに続く東欧における社会主義体制の崩壊およびソ連の解体は、中国当局者にとって共産党指導体制を脅かすものであったため、当該時期の中国外交政策の優先順位は対外開放から体制の護持へと変化した。また、天安門事件以降の中国の国内における最大の政策課題は、各政治勢力、社会各階層および地域間の多岐にわたる葛藤と矛盾を政治的方法によって解消し、国内の団結を図ることであった。言い換えれば、国内における不安要因を解決するには、短期的には経済的手法より政治的方法が効果的であると認識されたため、当該時期の中国の政策決定過程は、経済的合理性よりは政治的考慮が優先される傾向にあった。

また、政策決定過程におけるイデオロギー要因の重視と、深刻な体制の危機に直面して強化された党元老集団の政治的介入とその影響力の上昇は、必然的に中国に北朝鮮との理念的・政治的な連帯の強化をもたらし、韓国との関係を二次的な問題として後退させる結果を生んだ。一九八九年一一月五日、金日成が訪中した際、鄧小平は金日成との会談で「朝鮮人民の国家統一に背く行動をとらない。政治的に韓国を承認せず、『二つの朝鮮』を作らない。韓国とは公式の往来を認めず、韓国との貿易は民間に限定し、間接貿易を基本とする[45]」ことを約束して、北朝鮮との緊密な関係を強調した。

一方、一九八八年から経済交流を中心に発展してきた韓国との関係は後退の一途を辿りつつあった。韓国政府は天安門事件による西側先進諸国の対中経済制裁に完全に同調したわけではないが、学生と市民による民主化運動を武力で鎮圧した中国当局者に対する批判的立場を明らかにしたうえで、中国への旅行の禁止、投資の許可および貿易代表団の派遣を留保した。さらに、中国に進出している韓国企業の一部は退去し、中国への進出を相談していた企業もその計画を中断したのである[46]。言うまでもなく、民間貿易事務所相互設置の交渉も天安門事件の風波で、一九八九年五月に中断されたまま、再開の見通しが立たなかった。

ところが、一九九〇年三月一四日、江沢民総書記が訪朝した際、金日成との会談で、中国は改革開放政策による経済発展戦略を引き続き推進していく方針を強調したうえで、「平和共存五原則」に基づいてすべての国家と関係改善をすることを明らかにして[47]、「二つの朝鮮」政策を示唆したと考えられた。さらに、江沢民総書記は「中国と南朝鮮が相互に貿易代表処を設置する問題はこれ以上引き延ばすことができない[48]」と、金日成に理解と協力を要請した。後で詳しく述べるが、江沢民総書記が北朝鮮を訪問してから一ヶ月も経たない同年四月に、中国における韓国に関連する政策実行の最高機関の長である田紀雲副総理と韓国側特使との間で会談が行われた。この会談を契機とし、中国と韓国の間には政府間の秘密接触ルートが設置されることになった。要するに、この時期になって、一九七〇年代後半以降、民間外交を中心に展開された中国の対韓外交は民間外交と政府レベルの秘密外交が並行して展開されるようになったのである。

それでは、一九九〇年一月一〇日、西側諸国に送る和解のシグナルとして戒厳令を解除したものの、国内政治の保守化の傾向がまだ色濃く残っている一九九〇年代初めに、中国が朝鮮半島政策に修正を加えた理由は何であったのか。従来の研究では、一九九〇年の北京アジア大会の開催を目前にした中国が、西側先進諸国の経済制裁および国際的孤立から脱出するためにアジア重視外交を展開し、とくに、韓国との経済交流を必要としたという見方が一般的である。また、一九八九年五月における中ソ関係改善と、同年一二月におけるソ韓領事関係の樹立によって、北方三角関係における北朝鮮の戦略的価値の低下も、中国の朝鮮半島政策の転換の一要因として指摘されている。[49]しかし、中国は少なくとも一九九〇年までは、必要な技術と資本の導入の中止による損失より、西側の政治・文化の影響の排除を重視する孤立的姿勢を取っていたため、[50]上述のような経済要因が中国の朝鮮半島政策の転換における主な要因であるとは思われない。また、北朝鮮の戦略的価値の低下は、確かに朝鮮半島政策における中国の行動範囲を広げたが、中国と北朝鮮の戦略的・伝統的関係と経済関係[51]を考慮に入れると、それが直ちに中国の朝鮮半島政策に影響を与えたとも考えにくい。

したがって、中国の朝鮮半島政策の転換を説明するにあたって次節では、天安門事件以降の台湾による外交攻勢の拡大とそれへの中国の対抗措置に着目し、それが中国の対韓政策決定に与えた影響を検証する。

第3節　台湾外交攻勢の拡大と民間貿易事務所相互設置の合意

1　中国の交渉再開の呼びかけと北朝鮮への説得

中国が天安門事件の影響で、対外的に体制の護持に必死であり、国内的には政治的結束と経済の調整に難渋していたのと時を同じくして、李登輝政権は中国大陸との間で、経済、政治など、多岐にわたるかなり高度な内容に関する秘密交渉を進行させていた[52]。その一方、経済発展と民主化の進展を背景に、台湾は「中華民国」の立場にこだわらない「弾性外交」を同時に展開して、国際的活動空間のさらなる拡大に努めた[53]。しかし、一九八九年末から江沢民と李登輝の間で行われた秘密交渉が、九五年に至って破綻を迎え、江沢民が「李登輝は信義のない人だ[54]」と判断し、台湾統一に対して再び武力行使を主な手段とする政策転換を行った。

そこから読み取れるのは、台湾は中国が天安門事件で国際的に孤立している状況に便乗して、国際社会復帰を優先的な外交課題とし、大陸との秘密会談をそのための時間稼ぎとして利用したということである。台湾は米国、日本、西欧との実質的関係を拡充しただけでなく、一九八八年後半からはベトナム、ソ連、東欧諸国との貿易、観光交流を拡大し、同年一一月には経済部から「東欧諸国との関係を民間レベルから政府レベルに引き上げたい」との提案まで出された[55]。一九八九年後半から九〇年初めまでの間、台湾はグレナダ（八九年七月）、リベリア（同年一〇月）、ベリーズ（同）、レソト（九〇年四月）、ギニアビサウ（同年五月）などの国々と国交を回復ないし樹立して、外交的成果をあげたのである。

台湾と秘密会談を行うための準備を進めるかたわら、台湾の外交攻勢の拡大によって、中米地域と西アフリカおよび南太平洋地域諸国と断交を余儀なくされた中国は、経済的、外交的手段を用いて反撃を始めた。まず、中国は台湾との交易を増加させたが、交易総額は一九七九年の七七〇〇万ドルから、八九年には三四億八三〇〇万ドルまで急増して[56]、中国は台湾の第五位の交易相手国になり、台湾は中国の第六位の交易相手国となった。投資の面でも、一九八八年七月六日、国務院は「台湾同胞の投資奨励に関する規定」を公布し、台湾の民間企業に土地の使用、税制などで特恵待遇を与えることを通じて、台湾からの投資を積極的に誘致したのである。

この時期の中台貿易の急増と台湾民間企業の対中投資の活発化の背景には、台湾の一連の対中国民間関係制度化の模索があった。一九八五年、台湾政府は「間接交易三原則」[57]を発表して、対中交易を公式化し、八八年七月に「間接輸入三原則」[58]を発表して、対中輸入の制限を大幅に緩和した。さらに、一九九〇年二月には限られた業種と第三国の経由という条件の下での民間企業の対中投資が許可されたのである。

台湾との貿易と投資の増大は、結果的に台湾海峡の両岸の経済発展に一役買ったとは言えるが、皮肉なことにその背後には中国の戦略的考慮が潜んでいた。天安門事件が発生してから間もなく、中国共産党統一戦線部の内部文書では、「日増しに収縮する国際市場とアメリカ、ヨーロッパなどの保護主義の台頭という状況の下で、巧みに誘導、組織さえすれば、台湾製品を徐々に大陸市場に依存するように仕向けることができるに違いない。このような働きかけを続けていれば、台湾経済の動きをより有効に操作し、祖国の統一を速めることができるだろう」と通達されたようである[59]。さらに、中国は自国の人権状況に対して厳しい批判と経済制裁を行った西側先進諸国とは異なって、より柔軟な姿勢を示す近隣諸国と全面的な外交関係を樹立し、これらの国々に台湾との政府間・準政府間関係を断絶させることを通じて台湾を封じ込めようとした。いうまでもなく、上述したように、インドネシア（一九九〇年八月）、サウジアラビア（同年九月）、シンガポール（同年一〇月）との国交樹立、そしてアジアで唯一台湾と国交を結んでいる韓国との関係改善が、中国にとって急務として浮上したことは想像に難くない。中国にとって、周辺諸国との関係改善は、多少人権問題を抱えている周辺地域の国家との間で「少数の大国、富国」の圧力に対抗するための共通項を作り[60]、台湾外交にも打撃を与えることのできる一石二鳥のことであった。

前にも触れたように、一九九〇年三月一四日から一六日にかけて、江沢民が北朝鮮を訪問した際、金日成に対して中国が韓国との間で貿易事務所を設置する用意があることを伝達した直後の同年四月に、中国は中国国際友好連絡会の名義で、鮮京グループの香港支社へ招待状を送り、李《イ》順石《スンソク》社長[61]の訪中を要請した。そこには、天安門事件の影響を受け、すべての交渉チャンネルが断絶した状況の下、改めて韓国との間で秘密交渉を行う「ホットライン」を模索しようとする中国の狙いがあった。中国政府当局における中韓「ホットライン」の韓国側の特使の決定過程は明らかではないが、最終的に韓国側特使として指名されたのは、上述の李順石社長であった[62]。

中国国際友好連絡会の要請に応じて、李順石社長は民間経済人として中国を訪問したわけであるが、その時の状況を同社長はつぎのように回顧している。「中国側から招請を受けた時には、経済関連の高位人物と面談を行うだけだと思った。（中略）田紀雲副総理は韓国関連業務の総責任者であり、『中韓経済調整グループ』の長であることが分かっていたので、私が単純に企業の社長として呼ばれたわけではないと直感した」[63]。すなわち、この時、李順石社長と田紀雲副総理（農業、商業貿易、経済特区担当）の間では、秘密会談が行われたのである。この会談で、田紀雲副総理は両国の関係について以下の三点に触れたが、この内容のメッセージを盧泰愚大統領に伝達するよう、李順石社長に頼んだ[64]。

①中国は中韓関係の発展を非常に重視しており、両国の関係が「平等互恵互利」に基づいて発展することを望む。
②両国の間で貿易代表部を相互設置することは不可欠である。
③中国から逃亡した飛行機とパイロットを中国に返還することに協力してほしい。

また、貿易事務所相互設置に関するこれまでの交渉で、最大のネックとなった貿易事務所の名義と領事機能を付与するかどうかについての李順石社長の質問に、田紀雲副総理は重大な譲歩を示す発言をした。「貿易事務所は名目上民間形式を取るが、両者の交渉を通じて領事機能に相当する機能を付与することができる。最初から政府レベルの機構（通商代表部――引用者注）を設立するのが有利であろうが、我々は北朝鮮の立場を考慮しなければならない」

田紀雲副総理の以上の発言は、貿易事務所相互設置に関する交渉再開の呼びかけであったが、ここで注目すべきことは、この時期から中韓関係改善において台湾問題が、韓国にとって試金石として浮上しつつあった点である。言い換えれば、中国は貿易事務所に関する韓国の提案を最大限受け入れながら、両国の関係の発展を重視する姿勢を明らかにする一方で、台湾問題における韓国の歩み寄りを公然と要求しはじめたのである。

田紀雲副総理との会談内容は、李順石社長を通じて盧泰愚大統領に伝えられたが、盧泰愚大統領は両国関係に関する田副総理の意見に理解を示すと同時に、中国との正式な交渉窓口として大韓貿易振興公社を指定し、交渉窓口の一本化を目指した。

当時、韓国における対中民間経済交流の窓口として、二つの機構が同時に存在していた。それらの機構は、一九七〇年代後半から中国との交易を担当した半官半民の性格を持つ大韓貿易振興公社と八〇年代後半に中国のニーズに即応して創られた純粋な民間機構の国際民間交流協議会（ＩＰＥＣＫ）であった。しかし、国際民間交流協議会は、中国における国交のない国との交流は民間機構に限定するという原則の意味合い、すなわち中国民間外交の本質についての韓国政府の認識の欠如によって設立されたものであった。そこで、田紀雲副総理のメッセージを通じて初めて中国の本音を見抜いた盧泰愚大統領は、対中経済交流の交渉の権利を大韓貿易振興公社に委任したのである。

以上のような経緯を経て、一九九〇年七月、中国国際商会と大韓貿易振興公社の間で、貿易事務所相互設置に関する第四次交渉が北京であらためて行われることになった。同交渉では、中国側が貿易事務所の名義をこれまで主張してきた非公式の民間レベルから公式の民間レベルに格上げし、民間機構に領事機能を付与してもよいと提起したが、この意見に韓国側が同意を表明した。さらに、後に設立される大韓貿易振興公社駐北京代表部の初代代表である盧《ノ》載源《ジェウォン》の回顧録によると、七月の交渉で、韓国が貿易代表部の代表として外務部の大使を派遣することを含む「秘密外交議定書」[65]が、中国国際商会と大韓貿易振興公社との間で作成されたようである。貿易事務所相互設置の合意は、貿易事務所の名称および職員の人数などをめぐる同年八月と一〇月における追加協議を経て一〇月二〇日に、中国国際商会の鄭鴻業会長と大韓貿易振興公社の李宣基社長との間で達成された。

合意の内容を見てみると、まず、貿易事務所の名称について、韓国側が「大韓貿易振興公社駐北京代表部」としたのに比べ、中国側は貿易事務所の民間の性格を強調するため、「中国国際商会駐ソウル代表処」とした。つぎに、貿易事務所の性格について、両者は両国政府の承認を得ている民間機構にすることに合意した。また、貿易事務所の職員の人数および待遇については、職員二〇人のうち一〇人に対して外交特権を付与し、職員全員に国税、各種公共料金の免除を適用することに合意した。最後に、貿易事務所の業務内容について両者の間では、ビザの発給以外にも駐在国政府当局者との接触と交渉の仲介、貿易、通商、科学・技術協力の促進、外交伝書使と暗号電報の使用が合意された。

2　民間貿易事務所相互設置の合意と外交チャンネルの構築

一九九〇年一〇月二〇日、中国国際商会の鄭鴻業会長と大韓貿易振興公社の李宣基社長との間で達成された合意内容に基づいて、九一年一月三〇日に「大韓貿易振興公社駐北京代表部」が北京に開設された。同代表部の代表と副代表とも外交官が派遣されたが、代表は駐カナダ大使と外務次官を歴任したことのある盧載源が任命された。韓国とは対照的に、中国は二ヶ月後の同年四月九日に、「中国国際商会駐ソウル代表処」を開設し、民間の性格を強調するため、中国国際商会の副会長である徐大有を代表として派遣したのである。

民間貿易事務所の相互設置が合意された翌日の一九九〇年一〇月二一日、『日本経済新聞』が「中国は北朝鮮に配慮して政治的には『二つの朝鮮』に反対しながら、少なくとも経済面では『クロス承認』に踏み出した[66]」と評価したように、民間貿易代表部（処）の相互設置をもって、中韓両国は経済関係の正常化を実現させたのである。貿易代表部の開設によるビザの直接発給、直航路の開設は中韓直接貿易の増大と投資の拡大だけでなく、人的交流の増加にも貢献した。

まず、貿易であるが、直接貿易が増加の趨勢を見せる一方、第三国を通じて行われた間接貿易は減少した。とりわけ、間接貿易の中でも大きな比重を占めている香港経由の貿易が、中韓貿易全体の中で占めている比重が一九八七年に七〇・八％であり、八八年には六七・九％であったのに対して、九〇年には四七・五％まで減少したのである[67]。直接投資の面では、「投資保障協定」の不在で、韓国の対中直接投資は中小規模の投資に限られたが、直接投資の件数と投資額は増加の趨勢であった。また、一九九一年初めから中国企業の韓国進出も始まったのである。人的交流の面では、中国は韓国からの記者団の受け入れと留学生の短期留学も許可して、両国の相互訪問人数は一九八八年の九三六〇人から、九〇年には五万七一〇〇人に急増した[68]。

貿易事務所の相互設置は、両国の間の直接経済交流と人的交流の増加をもたらしただけでなく、政府間交渉のための仲介者の役割も果たした。一九九一年二月および五月における一一月開催予定のＡＰＥＣ第三回閣僚会議に関する中韓当局者間の実務会談や、六月の中国軍用機亡命問題に関する当局者間の協議などは、大韓貿易振興公社駐北京代表部を介して行われたのである。また、一九九一年一一月一三日、ＡＰＥＣ第三回閣僚会議に参加するため、中国の外交部長としては初めてソウルを訪問した銭其琛が朴哲彦韓国青少年体育部長官に「中国と韓国の間ではまだ国交は結んでいないが、すでに政府間の接触があるので、秘密窓口のようなものを別途開設する必要がない[69]」と伝えたように、中国政府は民間貿易代表部（処）を事実上の政府間交渉の窓口として指定していたのである。

さらに、中国は貿易事務所の相互設置を通じて、韓国政府に「一つの中国」原則を受容させることに成功した。一九八八年六月、野党の民主党の金大中《キムデジュン》総裁が「中国との関係改善のために台湾との関係を調整する必要がある」と言明し、「一つの中国」を支持することを主張していたことが、[70]九五年一〇月の喬石全人代常務委員長と金大中との会談および九六年一〇月の朱鎔基副総理と金大中との会談で明らかにされた。[71]また、一九九一年四月一日から一〇日まで、ソウルで開催された国連アジア太平洋地域経済社会委員会（ＥＳＣＡＰ）第四七回総会に参加した劉華秋中国外交部副部長との会談で、李相玉《イサンオク》外務部長官が「南北朝鮮関係と中国・台湾の関係は本質的に違う」[72]ことを説明して、韓国が「二つの中国」を支持しないことを間接的に表明するに至ったのである。[73]

小結

一九九〇年一〇月二〇日、中国と韓国は民間貿易代表部（処）の相互設置に関する合意に達成することによって、経済関係の正常化を実現させた。本章では特に、貿易事務所の相互設置に際して、一九八九年三月の第二回交渉と天安門事件発生以降の九〇年七月の第四回交渉における中国の態度変化に着目し、中国の対韓政策決定要因を分析した。さらに、民間貿易代表部の相互設置が中韓関係に与えた影響についても考察した。

一九八八年一月、従来の対外経済戦略の見直しと対外開放の拡大を反映した「沿海地区経済発展戦略」が発表されたのをきっかけに、中国はこれまで直接経済交流の対象の範囲から除外していた韓国を適正技術・資本の供給源と商品の輸出市場として再設定し、地方政府の山東省のみを韓国に対外開放し、山東省を対韓経済交流の窓口とすることによって、経済的利益を追求しようとした。

しかし、一九八八年初めに台湾における李登輝政権の誕生と同政権による「弾性外交」の展開が『二つの中国』

を作り出す行為であると中国は判断した。さらに、台湾の国際社会における外交攻勢の拡大と外交面における成果の積み重ねに危機意識を持っていた中国政府は、台湾封じ込め外交に全力をあげていた。なぜなら、北京にとって台湾問題は、国家主権および体制の正統性の問題と分かちがたく結びついている外交政策上の最優先事項であるからである。[74] 当初、山東省に設置予定であった民間貿易事務所を中央政府のある北京市にレベルアップし、最終的に韓国の提案を大幅に受け入れる形で韓国との間で貿易事務所の相互設置に合意したのも、中国の台湾封じ込め戦略の一環として位置づけられた結果であった。

一九八〇年代初めから中韓接近に神経を尖らせ、中国の対韓経済交流の促進に強く反発した北朝鮮に配慮したため、政府レベルでの交流が不可能な状況の下、中国は八〇年代後半から「民間経済外交」を通じて、韓国との間で貿易、投資、技術協力などの実質的経済交流に踏み切った。韓国側の提案で開始された民間貿易事務所の相互設置に関する交渉の過程からも見て取れるように、当初中国は経済的利益のみを重視したがゆえに、韓国に対して地方レベルにおける経済関係を追求していた。しかし、韓国からの要請もあり、中国は韓国との関係を漸進的にレベルアップさせていった。

一九八九年初めには交渉のレベルを山東省から北京市に格上げし、九〇年初めには前年六月四日の天安門事件の影響を受けて中断されていた貿易事務所設置の交渉の再開を韓国側に呼びかけ、両国の経済関係の発展を図ると同時に、密使を立てて秘密外交をも展開することを韓国側に提案したのである。そのような対韓「民間経済外交」は、当初の、韓国との間で経済交流を拡大させるためのものから、一九九〇年に入ってからは中韓関係改善を実現させるための秘密外交の役割を果たすようになったのである。それをよく反映するように、一九九一年一月と四月にそれぞれ北京とソウルに設置された民間貿易代表部は、両国の民間機構として性格づけられたものの、実際には貿易代表部のメンバーのほとんどが外交官から構成されており、貿易代表部が領事機能の役割をも果たす準政府機関に相当するものであった。

民間貿易代表部の相互設置は中韓両国の関係発展において分岐点となったが、民間貿易代表部を相互設置することを通じて、中国と韓国は経済交流における制度的基盤を構築することができた。そして、民間貿易代表部の設置を通じて、韓国は計画どおり中国との経済関係の正常化を実現させており、中国は非公式ながら韓国に「二つの中国」に反対する認識を共有させることによって、台湾の「弾性外交」に打撃を与えることに成功したのである。

第5章　南北朝鮮の国連同時加盟と中韓国交正常化

一九九〇年一〇月二〇日、中国と韓国は民間貿易代表部（処）の相互設置に合意し、その翌九一年一月に大韓貿易振興公社駐北京代表部が北京に設置され、同年四月には中国国際商会駐ソウル代表処がソウルに設置された。第4章の考察を通じて明らかになったように、実際、民間貿易代表部は両国の外交チャンネルとなり、両政府の間の高位級官僚の接触はこのチャンネルを通じて行われるようになった。言い換えれば、民間貿易代表部は民間の名義で設置された事実上の政府代表部にほかならなかった。

一九九〇年三月一四日から一六日にかけて、江沢民総書記が北朝鮮を訪問して、金日成総書記に中国が韓国との間で貿易事務所を相互設置する用意があることを伝達した。また、その直後の一九九〇年三月二八日、第七期全人代第三回会議の記者会見で、中国国際放送局の記者が「二つのドイツの統一問題がすでに日程に上っているが、朝鮮の統一、台湾と大陸の統一問題をどう見るか」と質問したことに対して、銭其琛外交部長は「中国は祖国統一の大事業は早晩実現できると思っている。朝鮮人民も彼らの国家統一は早晩実現できると思っている。だが、これは同じ方式で行われるということにはならない[1]」と答えた。

銭其琛外交部長は、発言の中で「同じ方式」とは何を意味するのかを明確に説明しなかった。しかし、ドイツと同様、連邦制の統一方式を志向して「高麗民主連邦共和国」による統一を主張した北朝鮮の提案に比べて、中国は統一原則である「一国両制」の原則の下で、連邦制を志向するのではなく、統一の相手である香港や台湾をあくまでも中国の一つの地方政府と見なしていたことを考慮すると、中朝両国ともにドイツの吸収統一方式に反対することにおいては意見が一致するが、統一方式において差異も存在していることを銭其琛外交部長は強調しようとしたものと考えられる。さらに、この発言には、中国が韓国と外交関係を樹立することで生じうる問題、すなわち「二つの朝鮮」問題が「二つの中国」問題に波及することを未然に防ごうとすることと、中国の掲げた対韓「民間外交」がすでに政府間外交に変質しはじめたとの意味合いをも持っていたと考えられる。

そして、その翌月の一九九〇年四月、対韓関係における実務責任者である田紀雲副総理が韓国の鮮京グループの李順石社長を中国に招請して、中国が韓国との間で政府レベルの機構の設立の必要性を感じているものの、北朝鮮の立場を考慮しなければいけないため、当面の間、外交関係の樹立が実現不可能な現実について遺憾の意を表した。中国の政府関係者が中韓政府レベルへの発展の可能性について言及したのはこれが初めてであった。

したがって、本章では一九九〇年に入ってから変質しつつあった中国の対韓「民間外交」がいかなる過程を経て政府間外交に定着したのかを、南北朝鮮の国連同時加盟への中国の対応を分析することを通じて明らかにする。そして、中韓関係が民間レベルから政府レベルに発展していく過程で、中国の対北朝鮮「党際外交」はいかなる変貌を遂げたのかについても考察を行う。

第1節　南北朝鮮の国連同時加盟への中国の支持

1　韓国の南北朝鮮国連同時加盟の再提起

一九九〇年一〇月二〇日、中国は韓国との間で民間貿易代表部の相互設置に関して合意を達成し、政府指導者が中韓関係の政府レベルへの発展に言及するなど[2]、中国は韓国との関係改善へ向けた政策転換を行いながらも、韓国の提案した南北朝鮮国連同時加盟については一九九一年初めまで慎重な姿勢を崩さなかった。その主な理由として、平岩俊司が指摘したように、台湾との間で「二つの中国拒否」の立場を堅持していた中国が、分裂状態の当事者である北朝鮮の意思を無視した形で韓国の国連加盟問題が処理されることを受け入れることは、北朝鮮との関係を断交しない限り朝鮮半島の分裂状態を是認することを意味し、それが台湾問題に影響を及ぼす危険性があったためであった[3]。

韓国が南北朝鮮の国連同時加盟を主張しつつ、北朝鮮がそれに応じない場合、国連への単独加盟をも辞さない姿勢を取った時とほぼ同じ時期の一九九一年二月二三日、台湾の李登輝政権の国家統一のための指針である「国家統一綱領」[4]が中華民国国家統一委員会第三回会議で採択され、同年三月一四日には行政院第二二二三回会議で可決された。この綱領では、「民主、自由、等しく裕福な中国」を目標にし、「大陸と台湾はともに中国の領土であり、国家の統一を成功させることは、中国人共同の責任であるべき」であること、「中国の統一」の出発点と終着点は国民の福祉」にあること、「中国の統一は中華文化の発揚、基本的人権の保障と民主法治の実践を宗旨にすべき」であること、さらに「中国の統一は時期と方式において、まず台湾国民の権益を尊重し、安全と福祉を保護するうえで、理性、平和、対等、互恵の原則の下で、段階的に国家統一を達成すべきである」ことといった原則が打ち出された。

また、同綱領は統一までの三段階について、短期（交流互恵段階）、中期（相互信頼協力段階）、長期（協議統一段階）に分類した。この「国家統一綱領」の三段階の中で特に注目されるのが、第一段階における「交流をもって理解を促進し、互恵によって敵意を取り除くべきである。また、交流を行うに際しては、相手の安全と安定に危険をもたらすことをやめ、相手を政治的実体として認めつつ、相互信頼関係を発展させるべきである」との内容であった。実際に、李登輝政権の「国家統一綱領」は大陸中国に台湾を一つの政治的実体として認めさせ、それから独立国家として国際社会からの承認を獲得しようとするものであった。このような意図をよく反映するように、一九九三年になると、台湾は堂々と「国連への復帰を長期的な目標」として公言するに至った。

統一問題における以上のような台湾の姿勢に対して、中国は『人民日報』評論員の文章を発表することを通じて、「将来における大陸政策の最高指導方針」としての「国家統一綱領」について議論の余地があると評価しながら、「中国と台湾が対等な政治的実体として相互に認め合い、国際社会で相互に尊重し、排斥すべきではない」との台湾の主張について、「台湾の目的は国際社会における『クロス承認』の追求であり、それはきわめて非現実的である」と厳しく批判したのである。[5]

逆説的ではあるが、以上で述べたように、台湾が国際社会における相互承認を主張し、外交攻勢を拡大する状況の下、韓国が国連への単独加盟を公式に申請した直後の一九九一年五月三月から六日にかけて、中国は南北朝鮮国連同時加盟の問題をめぐって北朝鮮を説得するために李鵬総理を北朝鮮に派遣したのである。この事実からは、中国が一九九〇年初めに韓国との間で政府間関係を構築する希望を表明してから、一九九一年四月にソウルに民間貿易代表処を設置するまでの段階において、韓国を政治的実態として承認することに繋がる南北朝鮮の国連同時加盟への問題まですでに中国指導部の中で討議が行われたと推測することができる。言い換えれば、中国の対韓政策の転換がすでに行われていたからこそ、韓国が国連への南北朝鮮同時加盟および単独加盟を提起し、中国の支持を要請した際に中国がすばやく対応することができたと考えられる。

一九九〇年の秋頃、韓国が南北朝鮮国連同時加盟に関して、中国の協力を要請した際に、中国から「一九九一年まで待ってほしい」との回答があったという。[6] 一九九一年三月、中国を訪問したベススメルトヌイフ・ソ連外相が銭其琛外交部長との会談で、南北朝鮮の国連同時加盟の必要性を強調したのに対して、銭其琛外交部長はソ連の意見に原則的に同意したと伝えられている。[7] さらに、同年四月二〇日、ソ連のゴルバチョフ大統領との会談の際、盧泰愚大統領は「韓国が交易と経済力の方面などから見た際、原則を強調する国連に加盟できないことは不自然なことである。我々は北朝鮮とともに国連に加盟することを望んでいるが、北朝鮮が応じない場合は我々だけでも先に加盟を推進するしかない。ソ連側の支持を希望する」と述べた。[8] これに対して、ゴルバチョフ大統領は「国連の普遍性の原則に対する理解を表明する。我々はこの問題に関して中国側とも対話を交わしている。中国側も北朝鮮の主張する単一議席による加盟は非合理的なものであるとの態度であった」と、ソ連と中国の立場を明らかにしたのである。[9]

2　中国の台湾統一問題と朝鮮半島統一問題の分離への努力

以上のような状況のなか、中国は「二つの朝鮮」問題と「二つの中国」問題を分離させるために、南北朝鮮が自ら相手を政治的実体として認め合うように、北朝鮮への説得と南北朝鮮の間で仲介役を務めはじめたのである。一九九一年一月三一日、中国外交部スポークスマンは韓国が国連加盟を申請する場合、中国は安保理で拒否権を行使するかどうかとの韓国記者の質問に「南北双方が相互協議を通じて適切な解決ができることを望む」と答えた。[10]

一九九一年四月二日、国連アジア太平洋経済社会委員会（ＥＳＣＡＰ）の第四七回総会に参加するためソウルを訪問した劉華秋中国外交部副部長は、南北国連同時加盟への中国の支持を求めていた李相玉外務部長官に対して「国連加盟については南北間で話し合いを続けることが望ましい」[11] と述べ、韓国の北朝鮮との対話を促した。

その一方で、一九九一年五月三日から六日まで北朝鮮を訪問した李鵬総理は、延享黙《ヨンヒョンムク》総理との会談で、「今年の国連総会の間に、もし韓国が再び国連加盟を提起すれば、中国は反対の態度を取ることは難しい。また、もし韓国の単独加盟が先に実現すれば、北朝鮮の加盟は困難にぶつかるかもしれない[12]」と述べた。

さらに、李鵬総理は「南北朝鮮が国連に加盟した後、国際的に『二つの朝鮮』という現実が認められると、韓国の『ドイツ方式の吸収統一の計画』を阻止することができる」と説得したという[13]。さらに、一九九一年五月三日から九日にかけての李鵬総理の北朝鮮滞在中の最終日である九日の記者会見で、「李鵬総理の北朝鮮訪問中に双方は南北朝鮮の国連加盟問題について討議したか」との記者団の質問に対して、中国外交部スポークスマンは「双方はこの問題について話し合った」と公式に認めた。これに加えて、同スポークスマンは「中国側は朝鮮の南北双方が対話と協商を通して、双方が受け入れることのできる方案を探し当て、この問題を妥当な方法で解決することを希望した[14]」ことを明らかにした。さらに、「朝鮮は南朝鮮と国連加盟問題について引き続き交渉することを希望していると表明した[15]」との発言もなされた。このような発言からは北朝鮮を南北対話に誘導しようとする中国の意図を読み取ることができる。

一方、一九九一年五月四日、外国人記者団との会見で姜錫柱《カンソクチュ》北朝鮮外交部第一副部長（第一副外相）は、国連加盟問題について、韓国側の主張する「南北同時加盟」や「単独加盟」を批判する一方、「妥協案もあり、南北間で話し合う用意がある[16]」ことを明らかにした。それに加えて、一九九一年五月二七日には北朝鮮外交部が声明を発表し、「南朝鮮当局が何としても国連に単独で加盟しようとしている」条件の下で、北朝鮮政府としても「国連に加盟する道を選択せざるを得なくなった」との立場を表明しつつ[17]、国連同時加盟を受け入れることに関して発言したことは、中国政府関係者の北朝鮮訪問直後の声明として、非常に示唆的である。

「二つの朝鮮」問題が中国自身に跳ね返る事態を防ぐために、中国は一九九〇年後半から中国の統一原則と対朝鮮半島政策を分離させることに踏み切った。その背後には、韓国側も一定の役割を果たしたと考えられる。

一九九一年四月一日から一〇日にかけて、ソウルで開かれる国連アジア太平洋経済社会委員会（ESCAP）の第四七回総会に参加するため、韓国を訪問した劉華秋中国外交部副部長に対して、四月二日、李相玉韓国外務部長官は、南北朝鮮関係と中台関係が本質的に異なることに触れつつ、「我々が北朝鮮を外交的に孤立させることを望んでおらず、北朝鮮がESCAPと国連などに加入して、国際社会の一員になることを希望する」[18]と述べた。李相玉外務部長官は「南北関係と中台関係が異なることを劉華秋外交部副部長に特別に強調したのは、中国の対韓国交正常化が『二つの韓国』を承認する結果となり、このような結果が『二つの中国』政策を正当化する可能性を生み出しうるという一部に存在する間違った認識を念頭においた発言であった」[19]と回顧している。さらに、この時期、外交安保研究員の朴斗福教授も論文の中で、「中国と韓国の国土分断の過程とその状況が明確に異なっているにもかかわらず、そのような分断の性格と状況の差異が中国の対朝鮮半島政策の展開に反映されていない。（中略）中国と朝鮮半島の分断状況の性格の差異はもちろんのこと、中国と朝鮮半島の再統一の過程と方法も異なる形で現れるにちがいない[20]」と指摘したが、それは中国による韓国の承認が「一つの中国」原則に抵触しないことを示唆するものであった。

そして、中国による南北国連同時加盟の支持にプラスの役割を果たすかのように、一九九〇年九月三〇日にはソ連・韓国の国交正常化が実現した。そして、それと同時に、南北関係の進展と北朝鮮の日本、米国との接触にも進展がみられるなど、朝鮮半島をめぐる国際関係には構造的変化が起きつつあった。一九八八年九月のソウル五輪大会を契機とし、東欧諸国とソ連は対韓経済関係の樹立に積極的に動き出し、やがて一九八九年以降は、北朝鮮の友好国であった社会主義諸国の体制が崩壊すると同時に、韓国の北方政策の推進の影響もあり、次々と韓国との国交正常化を実現したのである。

とりわけ、北朝鮮の主な後ろ盾であったソ連は、ゴルバチョフの登場から韓国との関係改善を活発化させたが、一九八八年のソウル五輪大会を契機として両国関係は大きく進展した。一九八九年四月には、ソウルとモスクワにそれぞれ貿易代表部が設置され、同年一二月には領事関係が結ばれた。さらに、翌年の一九九〇年六月には、サンフランシスコでゴルバチョフ大統領と盧泰愚大統領の首脳会談まで行われ、その三ヶ月後の九月三〇日にはソ連・韓国の国交正常化が実現したのである。後述するが、ソ韓国交正常化は、北朝鮮にとってショッキングなことであったが、ソ連の対韓関係改善により、北朝鮮の最後の後ろ盾になった中国は対韓関係改善において一層慎重にならざるをえなくなった。しかし、ソ韓国交正常化によって社会主義諸国の対韓関係改善が趨勢になった状況のなかで、中国のみが国際関係の構造的変化から取り残されてしまうかもしれないという危機意識は、中国にとって対韓関係をレベルアップさせる触媒の役割を果たしたと考えられる。

一九八九年一月一日の新年の挨拶において、金日成主席は南北政治協商会議を提案した。[21] 翌九〇年九月五日には、ソウルで第一回南北総理会談が開催された。この総理会談では、双方の間における政治的、軍事的対立の解消と多岐にわたる交流と協力の実現に関して討議された。そして、同年一〇月一六日には、ソウルと平壌の間で二回目の総理会談が開催された。この一連の南北総理会談について、中国は極めて高い評価を与えた。一九九〇年九月五日、中共中央政治局常務委員の宋平は、日本社会党日中特別委員会委員長の串原義直と会見した際、「朝鮮北方と南方の総理が会談を行うことは非常に良いことであり、中国は今回の会談が積極的な成果を収めることを希望する」[22]と述べた。

一九八八年九月八日、北朝鮮建国四〇周年慶祝大会において金日成は、「我々はわが国の自主権を尊重する資本主義国家らと善隣友好関係を発展すべきである。共和国政府は国家関係のない資本主義諸国とも平等と相互尊重の原則に沿って、経済技術的協力と文化交流を発展させながら、これら諸国の人民たちとの親善関係を発展させていくつもりだ」と述べて、西側諸国との関係改善に意欲を示しはじめたのである。[23]その後、中国の仲介で、一九八八年一二月五日、米国と北朝鮮との間で両国外交官による接触が開始され、このような接触は九三年まで続けられた。日本と北朝鮮との間においても、一九九〇年九月二四日から二九日にかけて、金丸信自民党副総裁（元副首相）と田辺誠社会党副委員長をそれぞれ団長とする自民・社会両党代表団が北朝鮮を訪問した。この訪問の際、両党は北朝鮮の朝鮮労働党との間で「三党共同宣言」を発表し、翌九一年一月からは国交正常化交渉が開始されたのである。

3　南北朝鮮の国連同時加盟の実現

以上でも触れたように、一九九〇年九月三〇日に実現したソ連・韓国の国交正常化を契機として、朝鮮半島をめぐる国際関係は大きく変化した。冷戦時代において、中国、ソ連が北朝鮮と、そして米国、日本が韓国と国交を結び、南北双方ともに東西陣営の枠組みを超えて国交を持たないという構造が変化したのである。[24]「一国二制度」の統一方針と北朝鮮への配慮という問題を抱えて、対韓政治外交関係の構築を躊躇していた中国政府が韓国との国交正常化を決断したのは、このような朝鮮半島をめぐる国際政治の構造的変化が背景に存在したためと言っていいだろう。

そこで、中国は長年北朝鮮の主張している「分裂状態の固定化を意味する二つの議席での国連同時加盟を容認できない」との立場に支持を与え、韓国の南北朝鮮国連同時加盟の主張に反対してきたが、一九九〇年後半から中国は韓国の立場に理解を示しつつあった。

韓国の南北朝鮮国連同時加盟の提案は、一九七三年六月二三日、朴正煕大統領による国連南北同時加盟を含む

「平和統一外交政策に関する特別声明」[25]によって初めて提起された。興味深いことに、朴正煕大統領のこの提案は、一九五〇年代において南北朝鮮の国連同時加盟を主張したソ連をはじめとする東欧諸国の提案に対して、韓国および韓国の国連単独加盟を支持した米国をはじめとする西側諸国が反対しつづけてきた当時の態度とは正反対であることである。一九五七年一月、米国をはじめとする一三ヶ国が韓国およびベトナムの国連加盟問題の再審議を要請する決議案を特別政治委員会に提出した。これに対してソ連は、南北朝鮮および南北ベトナムの同時加盟を国連安全保障理事会に勧告する旨の決議案を提出したが、西側諸国により否決されたのである。

朴正煕は「六・二三宣言」で、国連をはじめとする国際機構に南北が同時に加盟することを主張した。しかし、金日成は、南北両政権が二つの国号でそれぞれ国連に加盟することが、朝鮮半島に二つの政権が存在することに国際的認知を与えるものであるとして、徹底的に反対した。[26]北朝鮮は「高麗民主連邦共和国」という一つの国号で加盟すべきと主張し、南北朝鮮いずれの国連単独加盟にも、同時加盟にも反対し、単一議席による加盟を主張していたのである。[27]北朝鮮のこのような主張は、一九七一年における中国の国連加盟およびソ連と中国が国連安保理常任理事国であることから、国際機構を舞台とする北朝鮮の発言力が強くなったことを背景としていたのである。実際に、北朝鮮は一九六〇年代末から第三世界外交を活発化させ、「一九五〇年代後半には、国連で第三世界諸国が有していた議席数は三〇%にすぎなかったが、六〇年代前半にはすでに五〇%を超えていた」との認識の下で、「米帝国主義者とその他資本主義諸国の間の矛盾、米帝国主義の追従国家の内部分裂と混乱などは、国連における米帝国主義者の地位を顕著に弱めている」と主張したのである。[28]

国連同時加盟の提案を「二つの朝鮮」を作り出す行為であると厳しく批判していた北朝鮮側の主張について、中国は一九八〇年代までそれを一貫して支持してきた。一九七三年一〇月二日、中国代表団団長喬冠華は第二八回国連総会において、「米、英、日などの国が提出した南北朝鮮国連同時加盟の主張は、非合理的で、一九七二年七月四日の朝鮮南北共同声明に違反するものである」[29]と批判した。さらに、喬冠華団長は「南北朝鮮国連同時加盟の主張は、朝鮮半島の分裂を合法化し、永久化するものである。（中略）朝鮮半島が統一する前に国連に加盟するなら、少なくとも連邦制を実現させた上で、高麗民主連邦共和国の国号で一つの国家として参加すべきである」[30]と主張した。

また、一九七五年四月一八日から二六日にかけて、金日成が引率する北朝鮮党政代表団が中国を訪問した。北朝鮮代表団に対して、中国側は会談の中で、「中国は南朝鮮各階層の人民による社会的民主化と祖国の自主平和統一のための正義の闘争に確固たる支持を与える。中国は米帝国主義が推進する『二つの朝鮮』政策と朝鮮分裂の局面を永久化、固定化させる政策に反対する。朝鮮問題は必ず外部の干渉のない状況の下で、朝鮮人民が自主的に解決すべきである」[31]と表明したのである。実際、一九七五年七月ならびに九月の二度にわたる韓国の国連加盟要請に、中国は拒否権を行使しただけでなく[32]、その後、毎年における国連総会の演説の場で北朝鮮の主張を代弁していたのである。

一九八〇年代においても、中国は北朝鮮の統一方針に支持を与えた。例えば、一九八八年九月八日、中国外交部の金桂華スポークスマンは記者会見の際に、「中国政府は、今年の国連総会に南朝鮮創立四〇周年を記念する議題を加えることを提案した一部の国家の要求に反対する。この議題は必ず紛争を引き起こし、朝鮮半島における緊張緩和の雰囲気づくりに不利であり、当面における全般的国際情勢の発展にも合致しない」[33]と改めて表明した。

しかし、一九九〇年に入ると中国の朝鮮半島統一方式に対する態度に微妙な変化が現れはじめた。一九九〇年三月二八日、銭其琛外交部長が記者会見の際、中国の統一方式と朝鮮半島の統一方式が異なることを明らかにしたが、この発言は、中国と北朝鮮の統一原則を分離させようとする初めての試みであると同時に、田紀雲副総理が韓国との関係において政府間関係の発展の可能性について言及したのと時期が重なっていることに注目すべきである。すなわち、中国はこれまでの「政経分離」政策を転換して、一九九〇年代初めから対韓外交関係の樹立について考慮しはじめたと考えられる。
そして、これまでにも指摘したように、その背後には「民間交流」を通じて進展してきた中韓両国の関係がこの時期にはすでに変質していたことと、中ソ関係の改善、南北朝鮮、および北朝鮮と西側諸国の接触、とりわけ北朝鮮の後ろ盾であったソ連と韓国の関係進展による朝鮮半島をめぐる国際関係の構造的変化という事実が存在した。一九八八年のソウル五輪大会への参加を契機に、ソ連と韓国の関係は急ピッチで進展した。一九八九年四月にはソウルとモスクワにそれぞれ貿易代表部が開設され、同年一二月には領事関係が結ばれただけでなく、一九九〇年三月には金泳三《キムヨンサム》韓国民自党最高委員がソ連を訪問し、ゴルバチョフ書記長との会談まで実現した。
このような状況の下、中国は対韓関係の進展に慎重にならざるをえなかった。なぜなら、国際的に南北分裂状況を承認する動きが活発である状況下、ソ連が韓国と国交正常化を実現すれば、中国が北朝鮮にとって唯一の後ろ盾となることになるからである。それは、一九八九年六月の天安門事件以降、九一年一月から国際社会への復帰を目指す中国にとっては外交的負担であった。しかし一方で、中国が韓国との関係進展に慎重な姿勢を堅持することは、冷戦終焉以後の国際関係の構造的変化の中で中国のみが取り残される危険性が潜んでいることをも意味した。すでに、一九九〇年の第四五回国連総会では一五五の加盟国のうち、一一八ヶ国の代表が朝鮮半島問題について発言し、その中で韓国の立場を支持する国は七一ヶ国で、中立の立場を表明した国が三八ヶ国、北朝鮮の立場を支持する国はわずか九ヶ国のみであった。[35]
そのような中で、朴正煕政権の時代から南北国連同時加盟を主張し、一九八〇年代には全斗煥政権において、ソ連、中国が韓国を認めることと、友邦の米国、日本が北朝鮮を認める「クロス承認」案を提起した韓国が、九〇年に入ると、国連南北同時加盟に希望を示しつつも、それが実現できない場合には国連単独加盟を申請することを主張しはじめた。一九九一年一月八日、盧泰愚大統領は年頭記者会見における「政府が推進している南北国連同時加盟が今年中に実現できるかどうか」との記者の質問に対して、「我々は今年においても南北国連同時加盟のために努力を続けていくつもりである。しかし、もし北朝鮮が最後までそれに応じない場合、我々は単独加盟を推進する」[36]と答えた。実際に、同年四月五日、盧昌熹《ノチャンヒ》国連駐在韓国大使が国連加盟の申請を国連安全保障理事会に提出したのである[37]。

北朝鮮は最初、韓国の主張する「クロス承認」「南北国連同時加盟」が南北分断の固定化に繋がるとしてそれに反対したが、前節で述べたように、一九九一年に入ると、北朝鮮のそのような態度に変化が見られはじめた。国連南北同時加盟問題において北朝鮮が従来の態度を変化させた最も大きな理由として、中国の対北朝鮮「説得外交」を挙げることができる。

繰り返しになるが、一九九一年五月三日から六日まで北朝鮮を訪問した李鵬総理は延享默総理との会談で、韓国の国連単独加盟が先に実現された場合には、後で北朝鮮の国連加盟が難しくなるおそれがあるとの発言をして、北朝鮮の理解を得ようとした。引き続き、李鵬総理は金日成主席とも会談を行ったが、金日成は南北国連同時加盟に同意を示しつつあった。そして、同年六月一七日から二〇日にかけて、北朝鮮を訪問した銭其琛外交部長に対して、北朝鮮の金永南外交部長は「米国が北朝鮮の国連加盟を阻止した場合には、中国も相応の措置をとってほしい」と要請したのに対して、銭外交部長は極力北朝鮮に協力することを約束したのである[38]。

しかし、ここで注意しなければいけないのは、南北国連同時加盟の問題において、中国は北朝鮮に一方的に説得をしたのではなく、あくまでも同問題が南北朝鮮双方による協議によって解決されるべきであるということを一貫して強調してきたことである。一九九一年四月一日からソウルで開かれた国連アジア太平洋経済社会委員会（ESCAP）総会において、中国外交部副部長の劉華秋は李相玉外務部長官に対して「国連加盟について南北間で話し合いを続けることが望ましい[39]」との立場を示した。また、一九九一年五月九日、中国外交部スポークスマンは記者会見で「中国は朝鮮の南北双方が対話と協商を通して、双方が受け入れることのできる方案を探し当て、この問題を妥当に解決することを希望した[40]」と述べた。さらに、銭其琛外交部長は一九九一年五月九日に北京で、アメリカ学者代表団と会見した際に、「朝鮮民主主義人民共和国は中国の隣国であり、中国は隣国との友好関係を維持、発展させることを必要としている。中国は朝鮮民主主義人民共和国の内外政策には決して干渉しない[41]」と言明して、北朝鮮に配慮した。一九九一年五月二七日、北朝鮮外交部が声明を通じて、南北国連同時加盟を受け入れることを発表したことにより、同年九月一七日に開かれた第四六回国連総会で南北朝鮮の国連同時加盟が承認されたのである。[42]

第2節　中韓国交正常化と政治外交関係の樹立

北朝鮮が南北国連同時加盟を受け入れる旨の声明を発表してから約二ヶ月後の一九九一年七月二日から六日にかけて、朴哲彦韓国体育青少年部長官が二〇〇〇年北京五輪誘致委員会からの要請を受けて北京を訪問した。今回の訪中の間、朴哲彦長官は伍紹祖中国体育部部長および李瑞環政治局常務委員、張百発北京市副市長らと会見して、中韓国交正常化の必要性を述べた。これに対して、李瑞環と張百発は「革命元老など最高指導部を説得しなければいけない」と説明しつつ、中国最高指導部を説得するために韓国側が国際情勢および中韓国交正常化の必要性を書簡で作成することを提案した。[43]この提案を受けてから、同年七月二五日、朴哲彦長官によって作成された手紙が中国最高指導部のメンバーである鄧小平、楊尚昆、万里、江沢民、李鵬に送られたが、実務関係者の田紀雲副総理、鄒家華副総理、銭其琛外交部長にも同時に送付された。[44]その後、中韓国交正常化をめぐって、中国最高指導部から肯定的な反応が現れはじめ、すぐに良い知らせがあるとの伝言があったという。[45]

以上のような中国指導部の姿勢からは、南北国連同時加盟への支持に関する政策決定が行われた一九九一年初めごろに、韓国との国交正常化に関する問題についても鄧小平をはじめとする中韓国交正常化推進派たちの間ですでに決断が行われていたと推測することができる。すなわち、一九九二年四月になってはじめて中国が韓国に対して国交正常化交渉を提案したことに鑑みると、中国指導部における中韓国交正常化の推進派と反対派との間の意見調整にほぼ一年間の時間がかかったと考えるべきである。[46]

これまでの多くの先行研究は、中国が一九九二年四月に国交正常化に関する提案を行った理由について、同年一月の鄧小平の「南巡講話」による韓国に対する経済的動機、台湾の弾性外交への打撃などを指摘している。しかし、この二つの要因については再検討の余地がある。

実際、中国と韓国の間では、民間レベルであるものの、貿易協定を締結するための第一回交渉が一九九一年八月二六日から二八日まで、中国国際商会と大韓貿易振興公社との間で行われた。その後、同年一二月一八日から二〇日にかけての第二回交渉を経て、両者の間では差別関税の撤廃を骨子とする「中韓民間貿易協定」が締結された。この協定には「中韓民間貿易協定」が締結されるまでは、韓国商品に対して五~三〇%の差別関税を撤廃し、相互に最恵国待遇を与えることや、二重課税防止条項も盛り込まれており、これにより両国間の経済交流はさらに拡大することになった。さらに、一九九二年二月一九日に北京で開かれた第三回中韓経済会談において、「中韓投資保障協定」に関する交渉が始まったが、同年五月には最終的に締結するに至った。

以上をまとめると、一九九二年初めまでの中韓経済交流は形式的には民間レベルに限られたものの、上記の両協定が中韓国交正常化後の九二年九月三〇日に、そのまま政府間の協定に昇格したことから考えると、この時期に中国と韓国の間ではすでに活発な経済交流が行われていたと考えられる。他方、実は、一九九一年における中国の国内総生産（ＧＤＰ）の成長率が九・二％を遂げており、八九年および九〇年における外資導入額も減少するどころか大幅に増加していたのである。また、台湾要因は、なぜ中国が一九九二年四月になってようやく国交正常化の提案をしたのかについて説明しきれない。台湾要因の中韓国交正常化に対する影響についてはまだ実証研究が行われておらず、今後のさらなる検討が必要であろう。

上で述べたように、対韓国交正常化の決断がすでに一九九一年初めに行われていたからこそ、中国は南北国連同時加盟問題を解決するために、九一年前半に北朝鮮への説得外交を展開しており、南北国連同時加盟が実現する以前に中国と韓国の外交当局者間の相互訪問がすでに頻繁に行われていたのである。一九九一年一一月にソウルで開かれる予定であった、アジア太平洋経済協力（ＡＰＥＣ）第三回閣僚会議で討議される中国、香港、台湾の同機構加盟問題について、中国側と事前の協議をするために、同年二月二七日に閣僚会議の高位管理会議（ＳＯＭ）議長として李時栄《イシヨン》大使が中国を訪問した。李時栄大使の今回の中国訪問の中で特に注目されたのが、従来なら中国国際商会（ＣＣＯＩＣ）を通じてのみ連絡可能であった中国外交部との接触が、この時から外交当局者の間で直接行われるようになった点である。[47]

また、一九九一年四月一日から一〇日まで、ソウルで開かれる国連アジア太平洋経済社会委員会（ＥＳＣＡＰ）第四七回総会に参加するため、劉華秋中国外交部副部長が韓国を訪問した。四月二日、劉華秋外交部副部長との会談で、李相玉外務部長官は南北朝鮮の国連同時加盟と中韓国交正常化問題に対する中国側の意図を打診した。同会談で、劉外交副部長は両国関係を漸進的に発展させていくことには賛意を表したが、国交樹立に関しては言及しなかった。[48]一九九一年七月の朴哲彦長官の訪中に引き続き、九一年九月一〇日には申鉉碻《シンヒョナク》韓国元国務総理の訪中も実現した。

さらに、一九九一年一〇月二日には国連安全保障理事会の小会議室で、中国の銭其琛外交部長と韓国の李相玉外務部長官との間で初の中韓外相会談が行われた。同会談で、両者の間では、国連同時加盟後の南北朝鮮関係、ＡＰＥＣ閣僚会議問題、北朝鮮の核問題、中韓両国の国交正常化問題などについて意見交換が行われた。とりわけ、中韓国交正常化問題について、李相玉外務部長官が「中韓国交樹立が両国間の実質的な協力関係の増進だけでなく、朝鮮半島と北東アジア地域の平和と安定のためにも必要であり、中韓国交正常化は北朝鮮の対日本、米国との関係正常化にもプラスの役割を果たすだろう」と強調した。これに対して、銭其琛外交部長は「中韓関係の発展が朝鮮半島の平和と安定の維持と関連しているので、南北朝鮮関係が進展することを希望している。ただし、現在としては中韓両国が過渡期的な関係を維持する中で静かに実質的な関係を発展させていくことが重要である」と述べた[49]。

一九九一年一一月には、銭其琛外交部長と李嵐清対外経済貿易部長が首席代表としてＡＰＥＣ第三回閣僚会議に参加するためソウルを訪問した。外交関係のない国に中国外交部長が訪問したことは画期的な出来事であった。同月一二日には、銭其琛外交部長と盧泰愚大統領との間で会談が行われた。同会談で盧泰愚大統領が「我々は北朝鮮が憂慮しているドイツ式の吸収統一を追求せず、北朝鮮との間で長い敵対関係を清算し、信頼を回復しつつ協力関係を構築しようとしている。我々が北朝鮮と関係を改善し、中国とも良い関係を結ぶなら、北朝鮮も変化するはずであるため、朝鮮半島の平和の維持に貢献できるよう北朝鮮を説得してほしい[50]」と中国の支持を求めた。これに対して、銭其琛外交部長は「南北関係が改善され、北朝鮮と日本、米国との関係が改善されれば、中韓関係は自然に改善されるであろう。ただし、これは必須条件ではない[51]」と答えたのである。

一九九二年四月一二日には、ＥＳＣＡＰ第四八回総会に参加するため、李相玉外務部長官を代表とする韓国代表団が北京を訪問した。四月一三日、李相玉外務部長官と会談した際、銭其琛外交部長から両国の国交正常化に関する提案がなされた[52]。銭其琛外交部長は李相玉外務部長官に対して、国交正常化に関する秘密保持の重要性を極めて強調し、「外部に事実が知られれば、国際関係において非常に大きな問題が生じるため、そのような障害が生まれないように国交正常化交渉を秘密にすることが必要である。我々の提案を盧泰愚大統領に報告して、韓国側の責任ある代表を指名してくれれば、中国側も代表を指名して交渉を始める。交渉の場所は中国と韓国、あるいは第三国でもよく、特に一つの場所に固定しなくてもよいと思う[53]」と提案した。このような提案に、李相玉外務部長官は同意を示した。さらに、中韓国交正常化が中国の統一原則に基づいて行われるべきであるとの銭其琛外交部長の主張に対して、李外務部長官は「中韓国交正常化が決定されれば、韓国と台湾の関係は調整されるべきであると思う。国際法と国際慣例を参考にして国交正常化交渉を議論したい[54]」と応答したのである。

　上記の一九九二年四月における中韓両国の外相の間の会談で合意した原則に沿って、双方は予備会談の準備に入った。予備会談において、双方の間では副部長（次官）級の首席代表と大使級の副代表を任命し、副代表が予備会談の交渉団を指揮するとの内容で合意が達成された。その合意内容によって、中国側は首席代表として徐敦信外交部副部長を、副代表として張瑞傑大使を任命した。他方で、韓国側は盧昌熹外務次官を首席代表に、権《クォン》丙鉉《ビョンヒョン》大使を副代表に任命したのである。

　国交正常化問題をめぐって、中国と韓国の間では、一九九二年五月一四日から一五日にかけての第一回会談、同年六月二日から三日にかけての第二回会談、六月二〇日から二一日にかけての第三回会談が行われた。第三回予備会談で韓国と台湾の国交断絶の問題がネックとなったが、韓国側が台湾と国交を断絶することを中国側に約束したことで、双方の間では国交樹立の合意が達成されたのである。一九九二年八月二四日、銭其琛外交部長と李相玉外務部長官が共同声明に署名し、発表したことで、数十年の間、国交が断絶していた中国と韓国の間に政治外交関係が樹立されたのである。

第3節　中朝党際関係の維持

北朝鮮が南北国連同時加盟に参加する声明を発表した後の一九九一年六月一七日、中国の銭其琛外交部長が北朝鮮外交部の主催した歓迎宴で「最近朝鮮政府は国際情勢を分析した上で、国連加盟を正式に申請した。朝鮮政府が取ったこの重大で積極的な措置は世界各国の広範な歓迎を受け、国際社会に大きな影響を与えるだろう。中国政府は朝鮮人民が自主平和統一事業のために取ったすべての措置を完全に支持する[55]」と強調した。また、同年一〇月四日、江沢民総書記が訪中していた金日成総書記に対して「国際情勢がどう変化しても、中朝両国の革命元老が築いてきた両国の友誼を発展させつづけることにすべての努力を払う[56]」と中朝関係の緊密化を強調した。

一九九一年一二月一一日から一三日にかけて開催された第五回南北高位級会談では、「南北間の和解と不可侵及び協力交流に関する合意書（南北基本合意書）」が採択された。この「南北基本合意書」について、中国は外交部スポークスマンの発表を通じて「『南北基本合意書』は南北朝鮮高位級会談において達成された重大な進展であり、朝鮮半島北南の関係改善および朝鮮半島情勢のさらなる緩和に有利であり、我々は歓迎と称賛を表明する[57]」と、積極的な評価を与えたのである。

ソ連は韓国との国交正常化の実現に際して、一九九〇年九月初めに日本を訪問したシェワルナゼ・ソ連外相が北朝鮮に立ち寄り、ソ連が韓国と国交を樹立する方針であることを通報した。それとは対照的に、中国は韓国との国交樹立の四ヶ月前である一九九二年四月に、楊尚昆国家主席を平壌に派遣し、さらに同年七月一五日には銭其琛外交部長を北朝鮮に派遣することを通じて、中韓国交正常化問題に対する北朝鮮の理解を獲得しようとしたのである[58]。このような中国とソ連の態度の相違が如実に反映するように、ソ韓国交正常化に対して北朝鮮は「ソ連は社会主義大国としての尊厳と体面、同盟国の利益と信義を二三億ドルで売り払った」[59]と厳しく批判した。しかし、中韓国交正常化についての北朝鮮の態度は沈黙を守るにとどまったのである。[60]

また、一九九二年八月二四日、中国と韓国の間で国交正常化に関する共同声明が発表されたが、同日における記者会見で、中韓国交樹立後において中国が北朝鮮との関係をいかに解決するかの問題について言及した際、中国の呉建民外交部スポークスマンは「中国と朝鮮民主主義人民共和国の関係は良好である。中韓国交樹立の後、中国は引き続き平和共存五原則の下で朝鮮との善隣友好協力関係を発展させる。中国と朝鮮との間で調印されている条約と協定には変化が生じない」[61]と強調した。すなわち、中国は韓国との国交正常化が中国の対北朝鮮政策にマイナスの影響を与えるものではなく、中韓関係改善によって中朝関係が変化することがないということを国内外に印象づけようとしたのである。

中韓国交正常化が中朝関係に及ぼす影響、および上述した中国の北朝鮮への配慮について、北朝鮮問題専門家の平岩俊司は、中韓関係改善によって国際的な孤立感を覚えた北朝鮮が、日本との関係改善を急ぎ、事実上朝鮮半島でのクロス承認へと向かうのか、あるいは従来の頑なな姿勢をとりつづけるのかについて、中国は前者の可能性に期待を持っていたことは間違いないであろうが、後者の可能性についての懸念をまったく持たなかったはずもないと分析した。[62]言い換えれば、中国のこのような対北朝鮮関係の緊密化を強調した発言は、孤立感を強めている北朝鮮への配慮によるものであり、表面的なものにすぎなかった。しかし、中韓国交樹立以降において、朝鮮半島南北に対してバランス外交を展開したことから鑑みると、実際上中国は中朝関係の緊密化を維持しようとしたことも窺える。

一九九一年一〇月八日、中国を訪問していた公明党の石田幸四郎委員長との会談で、江沢民総書記は中国と北朝鮮との関係について「かつて一緒に戦った仲間であり、強い絆で結ばれているが、中朝は同盟国ではない」[63]と述べたように、中国と北朝鮮はすでに同盟関係ではなかった。しかし、公明党代表団の訪中に先立ち、中国を訪問した金日成主席に対して、江沢民総書記は「中朝関係は国際情勢がどうなろうと変わることがない」と、相互に矛盾する発言をした。それは、中国にとって北朝鮮とのほとんど独占的な関係は負担となりかねないため、中国は国際社会に中朝関係が「同盟関係ではない」との印象を植え付けつつも、その一方では、中韓関係改善による中朝関係の悪化を阻止し、北朝鮮に対する影響力を保持するために必要な対北朝鮮党際関係[64]を継続しようとする中国の戦略的意図の反映であった。

中国と北朝鮮の党際関係は、高位指導者間の頻繁な接触と密接な意見交換、国際共産主義運動の産物である「中朝友好協力相互援助条約」が依然として有効であること、両国の交流がいまだに中共中央対外連絡部（中聯部[65]）を通じて行われていること、中国が依然として北朝鮮に対して経済援助を行っていることなどによって維持された。まず、最高指導者間の相互訪問について見てみたい。

金日成主席は計三九回にわたって中国を訪問しており、金正日総書記も（一九八三年六月、二〇〇〇年五月、〇一年一月、〇四年四月、〇六年一月の）計五回中国を訪問した。中国側からみると、周恩来は北朝鮮を六回（一九五八年二月、六二年一〇月、六四年七月、七〇年四月、七一年七月、七二年三月）訪問しており、華国鋒は七八年五月に北朝鮮を訪問し、鄧小平の訪朝は二回（七八年九月、八二年四月）に及んだ。そして、胡耀邦は三回（一九八二年四月、八四年五月、八五年五月）、趙紫陽は二回（八一年一二月および八九年四月）にわたり北朝鮮を訪問した。江沢民の北朝鮮訪問は二回（一九九〇年三月、二〇〇一年九月）、胡錦濤も二回（九三年七月、二〇〇五年一〇月）である。中朝両国の最高指導者が相互訪問する際には、常に両国の関係を「兄弟関係」「唇歯の関係」「親戚関係」に譬えてきた[66]。一九九二年の中韓国交正常化、九四年における金日成主席の死去などで、中朝両国の最高指導者間の相互訪問は一時的に中断されたものの、国交正常化以降の中韓最高指導者間の相互訪問の欠如に比べると遥かに超えるものであった。

一九九二年九月二七日から三〇日にかけて、韓国の盧泰愚大統領が中国を公式訪問したのに対して、中国は九三年五月に銭其琛外交部長が韓国への公式訪問を行った。さらに、その後、韓国は中国の最高指導部の韓国への公式訪問を要請したが、中国は対韓政治関係の発展に慎重な姿勢を崩すことなく、江沢民主席と金泳三大統領の首脳会談は、一九九三年一一月にシアトルで開かれたアジア太平洋経済協力（ＡＰＥＣ）首脳会議の際に初めて開催されることになったのである。一九九三年六月には、中国全人代常務委員会副委員長の田紀雲が韓国大邱市を訪問して韓国経済界の中国へのさらなる投資を要請し、同年九月には李嵐清副総理を団長とする中国政府代表団が韓国を訪問した。[67]李嵐清副総理は韓国商工資源部長の金喆寿《キムチョルス》との会談で「中国は経済建設と市場経済体制を構築していく中で韓国の方法と経験を参考にし、勉強する[68]」と述べた。

しかし、このような中国要人の韓国訪問の主な目的は経済交流の拡大にあり、それは韓国が強く望んでいた政治関係の強化とはかなり距離があるものであったと考えられる。他方で、中国は政府要人の北朝鮮訪問を通じて、中朝関係の緊密化を図りつつあった。

一九九三年七月二七日、北朝鮮の「祖国解放戦争勝利四〇周年」慶祝行事に参加するため、代表団を連れて平壌を訪問した胡錦濤政治局常務委員は「中国の党、政府と人民は中朝両国の伝統的友誼を非常に尊重している」と述べ、「現段階の複雑な国際情勢の下で、両国の伝統的な友好関係を一層発展させることは両国人民の根本的な利益にとって有利であるだけでなく、アジアの平和と安定の維持に有利である[69]」と強調したのである。また、一九九四年六月六日から一三日にかけて、北朝鮮の崔光《チェグァン》人民軍総参謀長を団長とする北朝鮮軍事代表団が中国を訪問し、江沢民主席と会談した。同会談で、江沢民は「中朝両国は唇歯、友好善隣の関係であり、両党、両国、両軍の間には伝統的友好関係がある。このような友好関係を一層強固なものにすることは過去だけでなく、現在においても非常に重要な意義がある」と中朝の友好関係を強調した。[70]

一九六一年に締結された「中朝友好協力相互援助条約」についても、ソ連が「ソ朝友好協力相互援助条約」の改定を北朝鮮に申し出たのに対して、中国は条約の有効性を強調していた。[71]一九九〇年代に入ると、中国は北朝鮮への友好価格と物々交換で行われてきた経済交流方式を取りやめ、無償による経済援助をも縮小させた。しかし、一九九四年三月には中国と北朝鮮との間で「中国が北朝鮮に提供する特殊項目借款に関する中華人民共和国政府と朝鮮民主主義人民共和国政府間の協定」が締結された。さらに、一九九五年から両国間で撤廃されていたバーター貿易と友好価格制度が復活するに至ったのである。[72]

小結

本章では、一九九一年初め以降、韓国との政治外交関係の樹立について本格的に考えはじめた中国がいかにして中韓「民間関係」を政治外交関係に昇華させたのかについて、南北朝鮮国連同時加盟問題への中国の対応過程を通じて考察を行った。

中国は建国以後、一貫して台湾統一問題を解決すべき最重要課題として掲げ、「二つの中国」反対を強調しただけでなく、北朝鮮の「二つの朝鮮」反対の主張にも支持を与えていた。しかし、一九九一年初めに韓国が南北朝鮮の国連同時加盟ないし国連への韓国の単独加盟を推進しはじめたことをきっかけに、中国はこれまで同様に扱われてきた台湾統一問題と対朝鮮半島政策を分離させることを試みるようになった。その理由として、韓国を政治的実体として承認した場合、それが「二つの中国」問題に直接繋がりかねないと中国が認識していたことは既述のとおりである。そこで、中国はまず、中国の統一方式と北朝鮮の統一方式が異なることを対外的に印象付けるという行動に踏み切った。そして、南北朝鮮の国連同時加盟に北朝鮮が応じない場合、国連への単独加盟をも辞さないと態度を表明した韓国に対して、北朝鮮との対話を促した。それと同時に、北朝鮮に対しては説得外交を展開したのである。最終的に北朝鮮が国連への南北朝鮮の同時加盟に同意を示したことによって、一九九一年九月に南北朝鮮の国連同時加盟が実現することになった。

こうして「二つの朝鮮」の「二つの中国」への波及を未然に防ぐことに成功した中国は、冷戦の崩壊による国際環境の変化を背景にし、国内における中韓関係改善の推進派と慎重派の間で意見が調整されたことを契機として、一九九二年四月に韓国に対して国交正常化の交渉を呼びかけたのである。そして、何回にもわたる国交正常化交渉を経て同年八月二四日に、ついに中韓国交正常化が実現するに至った。

その一方で、高位指導者間の頻繁な接触と意見の交換、「中朝友好協力相互援助条約」の維持、両国間の交流における中共中央対外連絡部の役割の増大、および中国の対北朝鮮経済援助などに象徴される、中朝「党際関係」には大きな変化が生じることはなかった。しかし、本章における考察からも分かるように、中韓国交正常化以降も中朝の特殊な関係は維持されたものの、「党際関係」を規定する尺度の内容は大きく変化したのである。

そのような変化は、中国において、一九七〇年代末から「イデオロギー重視」「陣営重視」などの政治中心外交が、経済発展優先と対外経済協力、そして、それらの目標を成し遂げるために平和で安定した国際環境の形成を重視する経済中心外交に移行したことに影響されたものであった[73]。一言でいえば、中国の対北朝鮮党際外交を規定する尺度の内容は、イデオロギー、伝統的友誼、対米、対ソ関係における戦略的価値などから、朝鮮半島の平和と安定の維持、朝鮮半島における影響力の確保などへと変容したのである。

結論

中国は一九八〇年代に入って、イデオロギー外交を国益と国家主権を重視する実利外交に転換させつつあったにもかかわらず、抗日戦争、国共内戦、朝鮮戦争を通じて「血盟関係」を構築してきた北朝鮮との関係においては、依然として階級主義政党間関係を中心に強化し続けた。換言すれば、中国は一九八〇年末から主権国家中心的アプローチに傾き、韓国との関係においては「国家間外交」の実施を意識しつつも、同盟国の北朝鮮に対しては「党際外交」を展開しつづけた。中国の対朝鮮半島外交におけるこうした「二元構造」は、一九七〇年代末、八〇年代を経て、九二年の中韓国交正常化まで、中国の対南北朝鮮との関係を規定する枠組みとなった。

要するに、中国の対朝鮮半島政策における「二元構造」の下では、「党際外交」が「国家間外交」より優勢を占めるため、中国が対韓関係改善を進めるには、北朝鮮の了承の下で、「民間外交」の道を選択するしか方法がなかった。そこで中国は、「党際外交」を通じて北朝鮮との「唇歯の関係」「血盟関係」を維持しながら、その間、対韓外交では将来的な「国家間外交」を意識しつつもカッコつきの「民間外交」を展開せざるをえなかったのである。

以上のような観点から、本書は、一九七八年から九二年国交正常化までの中国の対韓外交における「民間外交」の水脈を三つの事例から掘り起こすことで、中韓国交正常化を新たな角度から捉えなおした。

まず第1章では、本書の理論的枠組みである中国の対朝鮮半島外交における「二元構造」について説明を行った。そして、一九七〇年代後半とりわけ七八年以降、将来的な国交正常化を意識しつつ、韓国に対しては「国家間外交」へと軸足を移動させ、北朝鮮に対しては「国家間外交」より優位を占める「党際外交」を展開した中国の外交形態を中国の対朝鮮半島政策における「二元構造」と定義づけた。中国の対朝鮮半島外交におけるこうした相互矛盾する「二元構造」は、朝鮮半島に北朝鮮と韓国という同一民族で構成された二つの分断国家が存在することにもよるが、一方への関係がもう一方との関係を傷つけることのないように、中国が外交対応のレベルを変える必要に迫られるところから生じたものであることが本章の考察を通じて明らかになった。

第2章では、中国と韓国が「里帰り交流」を実現させた背景を中国側の視角から明らかにした。一九七八年以来、鄧小平のもとで現代化路線に踏み出した中国にとって最大の課題は経済発展であり、韓国が経済発展モデルとして注目されていたことは確かではあったが、当時の中国にとって最も重要なモデルは日本であった。この点から考慮すると、経済要因が一九七〇年代末の中韓接近をもたらした最も重要な要因ではなかった。当該時期、中国の最大の外交課題はソ連による対中包囲網の突破であったが、にもかかわらず北朝鮮とソ連の関係は緊密化しつつあり、それに対する一定の牽制を北朝鮮に与える意味からも韓国との接近が必要になった。

しかし、中国が必要としている経済交流をもって韓国との接触に踏み切る場合、北朝鮮の反発が予想されるため、里帰りの実現を通じた「人道外交」であれば、北朝鮮に過度の刺激を与えなくてすむと中国政府指導者は考えていた。その結果として、一九七八年一二月一八日に戦後初めての中韓交流が「里帰り交流」の形で行われるようになったのである。

第3章では、一九八六年にソウルで開かれたアジア大会への中国の参加決定にいたる過程を扱った。北朝鮮に配慮した中国は、ソウルで開催予定のアジア大会への参加にもともと前向きではなかった。それが大会直前の一九八六年六月に急遽、参加表明をするにいたったのには重要な背景があった。一九八〇年代に入って、中国は対外開放政策を拡大し、外国資本の誘致を積極的に行った。中国は外国資本の中で、とりわけ日本からの直接投資に期待が大きかったが、日本からの直接投資と技術移転が期待されたほどでなかったことから、経済成長の著しい隣国の韓国の経済に関心を高めつつあった。

しかし、中国はソ連に接近傾向を示す北朝鮮に配慮しなければいけなかったため、経済交流の推進には外交関係の樹立が前提であるとする全斗煥政権の立場を受け入れることができなかった。そこで中国は、「スポーツ交流」を公式化させ、これまで韓国との間で行われた非公式交流を公式交流に進展させることを通じて、韓国との経済交流を促進しようとした。

第4章では、北朝鮮への配慮もあって、中国がそれまで忌避してきた韓国との直接的経済交流に踏み切り、一九九一年には韓国との間で領事機能をも持つ民間貿易代表部を相互設置するまでの経緯を扱った。

一九八八年に入って、中国は対外開放政策のさらなる前進を目指して「沿海地区経済発展戦略」を打ち出した。この新しい経済戦略に基づいて、中国は韓国との経済交流も拡大したいところであったが、北朝鮮への配慮から、最初、山東省に限って対韓交流を許可したのである。

しかし、当時、台湾の李登輝政権が「弾性外交」と呼ばれる柔軟で積極的な外交を展開し、中国はそれを「二つの中国」を作り出す策略と判断し、台湾外交に打撃を与えるため、山東省に設置する予定であった中韓貿易事務所を北京に改めて設立することにした。その結果、一九九一年一月と四月に北京とソウルに韓国と中国の民間貿易事務所がそれぞれ設置されたのである。北朝鮮を孤立させないため、中国は双方の貿易事務所の民間の性格を強調したが、貿易代表部のメンバーのほとんどが両国の外交関係者で構成され、領事機能をも有していた点から、実際上、同貿易代表部は両国の大使館ともいえる存在であったのである。

第5章では、一九九〇年一〇月の貿易代表部設置以降、九一年九月の南北朝鮮の国連同時加盟問題を経て、九二年八月の国交正常化へと至る時期の中国の対韓外交について考察を行った。中国は従来から台湾問題で「二つの中国」に強硬に反対してきたように、朝鮮半島の分断に関しても「二つの朝鮮」に反対してきた。しかし、一九九一年になると、中国はこの二つの統一問題を分離する方向に踏み出し、国連同時加盟に抵抗する北朝鮮への説得を試みた。中国の影響もあって、南北朝鮮の国連への同時加盟が一九九一年九月に実現した。台湾統一問題と朝鮮半島統一問題の分離に成功した中国は、韓国との外交関係の正常化に踏み切った。以上のようにして、中国は韓国と国家間関係を発展させ、北朝鮮とは党際関係を維持したが、そうした党際関係の力点はもはや従前のイデオロギー中心、伝統的友誼、対米対ソ戦略などから、朝鮮半島の平和安定の維持と影響力の確保へと変質していったのである。

これまでの分析を通じて、本書では先行研究が注目しなかったがゆえに看過された中国政府の「民間外交」の存在を明確にしたうえで、その役割をも強調することができた。そして、中国の対韓政策決定要因を分析するに際して、先行研究は中国国内の政治経済情勢が最重要な要因であると主張したが、本書では、第2章から第4章における実証分析を通じて、中国の対韓経済的動機と国内政治の安定化が一貫して中国の対韓関係の進展を促した要因ではあったが、決して最も重要な要因ではなく、中韓関係改善はむしろそれぞれの時期における中国の国内政治経済の状況に加えて、ソ連要因、台湾要因および韓国要因など、さまざまな国際的要因の影響をも同時に受けた結果であることを示した。

最後に、中韓関係と中朝関係という二つの関係が、中朝関係の後退が中韓関係の進展をもたらし、あるいは中韓関係改善が中朝関係の変質をもたらすようなもの、すなわち、一方の犠牲において一方が成り立つような二律背反ではなかったことが、本書を通じて明らかになった。

あとがき

私は中朝国境地域に位置する延辺朝鮮族自治州で生まれ育ったが、中学・高校時代頃から延辺地域では日本留学ブームが起こり、中学校から十数年間ずっと日本語を学んできた自分もいつかは日本の土を踏んでみたいという微かな夢を持っていた。その夢を叶えてくださったのは、修士課程時代の恩師だった姜龍範先生と、慶應義塾大学に入ってから博士課程修了までずっとお世話になった指導教授の小此木政夫先生であった。

その後、慶應義塾大学に在籍している六年余、小此木先生には学問の上では言うまでもなく、生活の面においても困っているときいつも面倒を見ていただいた。そして、中央民族大学に就職してからも、推薦状など、事あるたびに小此木先生に願い事を頼んだが、先生はいつもご快諾してくださった。小此木先生への感謝の気持ちは一言や二言で言い尽くせるものではないが、本書の出版に際してあらためて先生の学恩に深謝申し上げたい。

また、小此木先生の定年退職後、国分良成先生に大変お世話になった。日本における中国研究の第一人者である国分先生にはいつも温かい眼差しで見守っていただき、博士論文の執筆、修正に際しても、懇切丁寧なご意見、ご助言をいただいた。国分先生にもこの紙面を借りて深くお礼を申し上げたい。その他、学位審査委員会委員の高橋伸夫先生、慶應義塾大学在学中にいろいろとお世話になった添谷芳秀先生、平岩俊司先生、阪田恭代先生、李鍾国先生、西野純也先生、礒崎敦仁先生はじめ諸先生ならびに諸先輩の方々に心から深謝申し上げるしだいである。なお、本書の出版にあたって、温かい激励とともに出版助成の手をさし伸べてくださった中央民族大学世界民族学人類学研究センター長の包智明先生にも謝意を表したい。

さらには、博士課程における学術論文の投稿、博士論文の執筆、修正、完成までの過程において親切で、細かく日本語の修正をしていただいた李東哲先生、八塚正晃さんと手賀裕輔さんに感謝を申し上げたい。博士論文の執筆過程において、友人の江藤名保子、李彦銘さんに学問における意見交換の場をつくっていただいたが、その場で貴重なご意見とコメントをくださったお二人に感謝申し上げる。

日本に留学している間、さまざまなご支援をいただいた。慶應義塾大学で研究生として在籍していた二〇〇六年四月から〇八年三月までは、「安田和風記念アジア青少年交流基金」を受け取り、博士課程に進学してからの〇八年四月から一〇年三月までは、「野村国際奨学金」を、一〇年四月から一一年三月までは、「サントリー文化財団研究助成金」および「韓国国際交流財団研究助成金」をいただいた。これらの奨学金と助成金のご支援があったからこそ、研究に専念することができ、博士論文を着実に完成させることができたと思う。この場を借りて、経済的にご支援をいただいた諸財団に深甚の謝意を表す。

本書の出版にご尽力いただいた赤羽高樹さんに感謝の意を表したい。日本語の表現の修正はもちろんのこと、本書のテーマ、構成においてまで貴重なアドバイスをいただき、忍耐強く編集に最善を尽くしてくださった。本書の出版の機会を与えてくださった世織書房にも感謝申し上げたい。

本書に推薦の辞を寄せてくださった平岩俊司先生のご支援もありがたかった。二〇一四年末には北京の中央民族大学に訪ねてこられ、一年ぶりに再会を果たすことができた。

最後に、これまで留学生活を支えてくれた両親および妹に感謝したい。日本留学の六年間、一度も家族と一緒に春節をすごすことがなく、故郷に資料調査に行く際にしか実家に帰ってこない私に両親は一言の文句もなく、いつも私の研究と健康をまず心配してくれた。家族の支えがあったからこそ、博士号が無事に取得でき、国に帰って順調に就職ができたと思う。

なお、本書は中国の「教育部留学回国人員科研啓動基金項目」「人社部二〇一三年度留学人員科技活動択優資助経費」の最終成果物である。

注

序論

1 中国社会科学院の王暁玲副研究員の二〇一〇年二月における韓国人に対するアンケート調査研究によると、韓国と密接な関係にある近隣諸国である中国、米国、日本、ロシアの四ヶ国のうち、韓国人にとって信頼度が最も低い国として中国が選ばれたが、中韓関係を妨害する最大の要因として「中朝同盟関係」が挙げられたという。王暁玲「韓国人の中国観——韓国民衆に対するアンケート調査に基づいて」許利平主編『当代周辺国家的中国観』一一—五五頁。

2 崔慶原「日韓安全保障関係の形成——分断体制下の二つの『安保危機』」一二頁。

3 石崎菜生によれば、朴正熙政権による北方政策は、国際情勢の変化に危機感を覚えた政府がやむをえず採用したという強い防御的性格に特徴がある。石崎は朴正熙政権における北方政策の目的を以下の三つに分類した。①北朝鮮の外交攻勢に対抗すること、②北朝鮮による南侵を防止すること、③国連加盟が認められ、国際的地位の向上した中国と関係改善をすること。具体的には、石崎菜生「韓国の北方政策」『アジアトレンド』（一九九二年I号）六七—六八頁を参照されたい。

4 「対ソ・中共の北方外交に力を注ぐ」『東亜日報』（一九八三年六月二九日）。

5 益尾知佐子「中国の『対外開放』戦略と日本——一九七八年、対日関係の国内的インプリケーション」『中国研究月報』（第六三巻第一一号）四頁。

6 これらの経緯については、江藤名保子「中国の対外戦略と日中平和友好条約」『国際政治』（第一五二号）四一—四二頁を参照されたい。

7　別枝行夫「戦後日中関係と中国外交官」『北東アジア研究』（第二号）一七九頁。

8　中共中央党史研究室編『中共党史資料（第四七輯）』七九頁。

9　王玉貴・顧瑩恵・朱蓉蓉「中国共産党民間外交理論与実践研究」『党史研究与教学』（第五期）二一頁。

10　西原正「日本外交と非正式接触者」『国際政治』（第七五号）四―五頁。

11　金世雄「中国の対韓国修交の決定要因に関する研究」二一〇頁。

12　同上。

13　金淑賢『中韓国交正常化と東アジア国際政治の変容』二三二頁。

14　益尾知佐子、前掲論文、『中国研究月報』（第六三巻第一一号）七九頁。

15　岡部達味「中国外交の新展開」『中国の対外経済政策と国際関係』一一―一三頁。

16　平岩俊司『朝鮮民主主義人民共和国と中華人民共和国――「唇歯の関係」の構造と変容』二七一頁。

17　関連研究の中、特に注目されるのが、益尾の論考である。益尾によると、中国は一九六〇年代末から主要敵を米国からソ連へと移行していたが、七九年夏からすでにその対外政策の見直しをはじめていた。益尾は、中国が対外政策を見直しはじめた契機として、一九七〇年代、中国とアルバニア、ベトナムとの関係の悪化を取り上げた。益尾はまた、鄧小平が毛沢東から引き継いだ「一条線」戦略やソ連による世界戦争の策動の可能性を過度に強調した現状認識などソ連に対する強硬で画一的な対応が、一九八〇年秋から八一年春にかけて限定的でありながら中国政府で見直されたとも主張している。具体的には、益尾知佐子『中国政治外交の転換点――改革開放と「独立自主の対外政策」』一九九―二〇〇頁を参照されたい。

18　当該時期における中国外交当局者および韓国政府関係者への中韓関係改善関連のインタビュー内容については、以下のウェブサイトを参照されたい。〈http://v.ifeng.com/his/200908/2ab1587f-f930-4d72-a32e-3268654da21.shtml〉、〈http://v.ifeng.com/his/201101/8943c67a-f73f-41d3-9b5a-f5de5f5f95c7.shtml〉（アクセス日：二〇一一年六月二二日）。

第1章

1　洪停杓・張植栄『当代中国外交新論』二二一、二三二頁。

2　「率領全国各族人民為開創社会主義現代化建設的新局面而奮闘、中国共産党第一二次全国代表大会隆重開幕」『人民日報』（一九八二年九月二日）。

3　益尾知佐子『中国政治外交の転換点――改革開放と「独立自主の対外政策」』九頁。

4　岡部達味「中国外交の新展開」『中国の対外経済政策と国際関係』二七頁。

5　「率領全国各族人民為開創社会主義現代化建設的新局面而奮闘、中国共産党第一二次全国代表大会隆重開幕」『人民日報』（一九八二年九月二日）。

6　岡部達味、前掲論文、一一―一三頁。

7　『人民日報』（一九八二年九月二日）。

8　曺世功著、平岩俊司訳「中国の朝鮮半島政策――ある中国人学者の視角」『国際政治』（第九二号）四九頁。

9　中国と北朝鮮との「特殊な関係」について、本書は「党際関係」の枠組みを援用して分析を行ったが、中華システム（華夷秩序）の観点から中朝「特殊な関係」を考察した先行研究もある。例えば秋月望「華夷システムの延長上にみる中国・朝鮮半島関係――中韓国交樹立と中朝関係」がその範疇に含まれる。

10　毛沢東時代における中国は一般的に、主権国家としての対外関係を「外交」、党としての対外関係を「国際共産主義運動」と呼んでいた。改革開放時代に入ると、中国は「国際共産主義運動」については言及しなくなったが、中央対外連絡部の存在と、当部署が対北朝鮮関係（党際関係）において依然として重要な役割を果たしていたため、階級主義政党指導者間の個人的信頼関係に基づいて行われるそのような対外交渉を、本書では「党際外交」と定義した。また、この「党際外交」に対し、中国が主権国家政府との間で行う対外交渉を、本書では「国家間外交」と規定した。

11　中国の対朝鮮半島外交に関するこれまでのほとんどの研究が、このような時期区分に基づいて分析を行っている。先行研究の中には、そのような二つの時期をさらに詳しく分類した研究もある。まずは、中朝関係に関する研究であるが、中朝両国の「特殊な関係」が抗日戦争、国共内戦で形成されたとし、中華人民共和国の成立前の一九三〇年代における抗日戦争を研究対象時期のスタートとし、八二年までの対北朝鮮関係を「抗日戦争・国共内戦期」「連ソ反米期」「反米反ソ期」「連米反ソ期」の四つの時期に分類した。一方、中韓関係に関する先行研究においては、中華人民共和国が樹立してから一九八二年までの中国には対韓政策が不在であったことに認識の一致を見た上で、八二年から九二年までの中韓関係改善の時期を「接触の時期」「交流の時期」「協力・国交正常化の時期」に分類した。

12 李成日『中国の朝鮮半島政策——独立自主外交と中韓国交正常化』四二頁。

13 同上。

14 王泰平主編『中華人民共和国外交史』第三巻（一九七〇—一九七八）三五頁。

15 益尾知佐子、前掲書、一九九—二〇〇頁。

16 中華民国国防部情報局編『黄匪華講話：「八〇年代外交形勢、政策與今後任務」』二八頁。

17 平岩俊司『朝鮮民主主義人民共和国と中華人民共和国——「唇歯の関係」の構造と変容』一二七頁。

18 「中国党政代表団団長李先念在朝鮮労働党中央和朝鮮政府挙行的慶祝朝中友好合作互助条約簽訂一〇周年宴会上的講話」劉金質・楊淮生主編『中国対朝鮮和韓国政策（一九七四—一九九四）』一九一二頁。

19 「李先念団長在中国党政代表団挙行的告別宴会上的講話」劉金質・楊淮生主編、前掲書、一九三六頁。

20 中華人民共和国外交部外交史研究室編『周恩来外交活動大事記一九四九—一九七五』五九七頁。

21 朴テホ『朝鮮民主主義人民共和国対外関係史』三〇四頁。

22 「黄永勝総参謀長在歓迎朝鮮軍事代表団宴会」劉金質・楊淮生主編、前掲書、一九五〇頁、および鄭鎮渭『北方三角関係——北韓の対中・ソ関係を中心に』一五八頁。

23 朝鮮半島統一問題に関する中国の認識については、黄炳茂「一九七〇年代朝鮮半島問題に関する中共の認識」『亜細亜研究』（第七八号）三八六頁。

24 小此木政夫編著『北朝鮮ハンドブック』二四四頁。

25 平岩俊司、前掲書、一三六頁。
26 同上。
27 小此木政夫編著、前掲書、二四四―二四五頁。
28 同書、二四五頁。
29 同上。
30 「良好的開端」『人民日報』(一九七二年七月九日)。
31 金日成が発表した「祖国統一五大方針」とは、①南北間の軍事的対峙状況の解消と緊張緩和、②南北間の政治・外交・軍事・経済・文化の多方面における協力、交流、③各界、各層の参加する大民族会議の開催、④連邦制―高麗連邦共和国、⑤二つの朝鮮排撃の五つの項目を内容としている。
32 「周恩来総理表示:中国政府和人民堅決支持金日成主席提出的関于自主和平統一祖国的新方針和五点主張」『人民日報』(一九七三年六月二五日)。
33 「勝利属于英雄的朝鮮人民――紀念朝鮮祖国解放戦争二三周年(社論)」『人民日報』(一九七三年六月二五日)。
34 小此木政夫編著、前掲書、二四五―二四六頁。
35 「米国議会に送る書簡」は以下のような四つの内容で構成されていた。①米朝両国は相互に相手側を攻撃しないことを誓約し、直接的な武力衝突の危険性を除去する、②米朝双方は、軍事力増強と軍拡競争を中止し、朝鮮半島外から兵器と作戦装備、軍事物資の持込を一切中止する、③在韓米軍は「国連軍」の帽子を脱ぎ、最短時間の内に一切の武器を取りまとめて完全に撤退する、④韓国からすべての外国軍隊が撤退した後、朝鮮半島はいかなる外国の軍事基地にも作戦基地にもならない。具体的には、「米国議会に送る書簡」『労働新聞』(一九七四年三月二六日)を参照されたい。
36 「自主和平統一朝鮮的正義主張」『人民日報』(一九七四年三月二八日)。
37 「韓国選手団ソ連へ出発」『朝日新聞』(一九七三年八月一二日)。
38 「韓国図書館へソ連から資料」『朝日新聞』(一九七四年一〇月二〇日)。
39 小此木政夫「第六章　朝鮮半島をめぐる国際政治」三谷静夫編『朝鮮半島の政治経済構造』一四〇頁。

40 「駐イタリア大使発外務部長官宛電文、一九七三年二月二八日」『韓・ソ連関係改善のための外交官接触、一九七三年』MF、ロール番号C—〇〇六二、ファイル番号二、三八頁、大韓民国国会図書館。
41 「蘇修勾結朴正熙集団行径必須掲露」、劉金質・楊淮生主編、前掲書、二〇九九頁。
42 「蘇修勾結朴正熙集団行径必須掲露」『人民日報』(一九七四年一一月一〇日)。
43 反米・反ソ闘争についての中国と北朝鮮の認識の差異については、Lee, Hong Yung, "Korea's Future: Peking's Perceptive," *Asian Survey* (November 1977), P.1091.
44 「蘇修的海洋覇権主義言論暴露它対第三世界的敵視」『人民日報』(一九七四年六月二五日)。
45 李東俊『未完の平和——米中和解と朝鮮問題の変容(一九六九—一九七五年)』二三三頁(再引用)。
46 「在中共中央、国務院挙行的歓迎宴会上、金日成主席的講話」『人民日報』(一九七五年四月一九日)。
47 「中華人民共和国政府和朝鮮民主主義人民共和国政府聯合公報」劉金質・楊淮生主編、前掲書、二一二五—二一三一頁。
48 益尾知佐子、前掲書、一二八頁。
49 中共中央文献研究室編『鄧小平年譜(一九七五—一九九七)』(上)六九二頁。
50 于越・白墨編『鄧小平与外国首脳』一〇頁。
51 同書、一〇—一六頁。
52 「朝鮮民主主義人民共和国中央人民委員会、最高人民会議常設会議連合会議に関する報道」「米合衆国政府と国会に送る書簡」「ソウル当局に送る書簡」『労働新聞』(一九八四年一月一一日)。
53 「朝鮮で平和の保障を準備し祖国の自主的平和統一を促進することについて」『労働新聞』(一九八四年一月二八日)。
54 劉金質・楊淮生主編、前掲書、二四〇〇頁。
55 同書、二五一三頁。
56 「破廉恥な内政干渉行為」『労働新聞』(一九八九年六月一一日)。
57 野村浩一他編『民主化運動と中国社会主義』、岩波講座『現代中国』(別巻I)二七〇—二七一頁。
58 「堅決支持阿尓巴尼亜人民的革命行動」『人民日報』(一九六八年九月二〇日)。

59 朴斗福「韓・中関係の発展と韓・ソ関係の発展との相互関係に関する研究」『韓国と国際政治』(第六巻第一号) 六七頁。
60 同上。
61 反ソ戦略における「一条線、一大片」というのは、中国から出発して、日本、オーストラリア、ニュージーランドを経て、また中東から欧州を経過してアメリカまで至る反ソの国際統一戦線が「一条線」であり、「一大片」というのは、「一条線」の周辺の地域を指し示す。
62 中華人民共和国外交部・中共中央文献研究室編『毛沢東外交文選』六〇〇頁。なお、「三つの世界論」で指す第一世界とは、米国とソ連であり、アジア・アフリカ・ラテンアメリカと他の地域の発展途上国は第三世界であり、第一世界と第三世界の間に存在する先進諸国が第二世界に属する。
63 中共中央党史研究室『中国共産党歴史(一九四九―一九七八)』第二巻(下冊)八九七頁。
64 朴斗福、前掲論文、七一頁。
65 同上。
66 北朝鮮への影響力を増す競争に際して、中国とソ連は、経済、軍事、外交的支援と内政不干渉、相互指導者・使節団の訪問、交流などを通じた金日成体制の正統性の承認、高麗連邦制度、在韓米軍の撤退など北朝鮮が提起した統一方案の支持および正当化、北朝鮮の国家利益に関する重要な情報の提供と北朝鮮に直接・間接的に影響を与えることのできる政策・措置の採択における緊密な事前協議などの手段を利用した。
67 韓国外務部編『韓国の北方外交』一四頁。
68 同上、一五頁。
69 韓国外交通商部編『韓国外交五〇年(一九四八―一九九八)』三五五―三五七頁。
70 拙稿「冷戦変容期における中韓非政府間交流の新展開――『里帰り交流』から『スポーツ交流』へ」。
71 例えば、『朝鮮日報』は韓国政府が大陸棚開発問題をめぐる声明の中で、中国を従来の呼び方である「中共」ではなく、公式名称である「中華人民共和国」と呼び換え、中国に友好的な姿勢を示したことについて報道し、この問題を通じて中韓対話が実現する可能性についても展望していた。「中華人民共和国の呼称に現れた中共への『多目的の信号』」『朝鮮日報』（一九七三年三月一八日）。
72 「中華人民共和国外交部発言人声明（一九七四年二月四日）」、劉金質・楊淮生主編、前掲書、二〇八〇頁。
73 「中国有関方面強烈抗議南朝鮮魚輪的海盗行径（一九七四年五月一二日）」劉金質・楊淮生主編、前掲書、二〇八四頁。
74 一九四九年から九一年までの時期に中国共産党機関紙の『人民日報』に掲載された韓国の呼び方について調査してみたところ、おおまかではあるが、四九年から五〇年代までは「南朝鮮偽政権（偽総理、偽軍）」、六〇年代には「南朝鮮傀儡集団（政権）」が最も頻繁に使われたが、七〇年代からは「南朝鮮」や「南朝鮮当局（政局）」が多く使われた。
75 「離散家族捜し事業」『大韓赤十字消息』（第二三一号、一九八六年六月二五日）。
76 吉澤宏始「国交正常化から改革開放開始まで（11）」『ＪＣＣマンスリー』（二〇〇六年一二月）二〇頁。
77 谷牧『谷牧回憶録』三〇七頁。務虚会とは中国に特有の会議の一つであるが、各級の政党、政府機関、軍隊、国営企業（改革開放以後は国有企業に改称）などにおける政策決定層が所属の機構・組織の戦略あるいは日常的な業務について、政治、思想、政策、理論などの方面から議論を行い、コンセンサスを得、理論を作り、路線と綱領を制定し、原則を確立する会議を指し示す。
78 中共中央文献研究室編、前掲書（上）三二〇頁。
79 益尾知佐子「中国の『対外開放』戦略と日本――一九七八年、対日関係の国内的インプリケーション」『中国研究日報』（第六三巻第一一号）四頁。
80 岡部達味、前掲論文、一一―一三頁。
81 銭其琛『外交十記』三―二〇頁。
82 中ソ国境からのソ連軍の撤退、ベトナムのカンボジア侵略へのソ連の支援の中止、ソ連のアフガニスタン侵略の中止――の三点。
83 平岩俊司、前掲書、一二四頁。
84 同書、一四九―一七二頁。一九七〇年代末、中国が改革開放路線を採択して自らの体制を維持しようとしたのに対して、北朝鮮は金正日後継体制の確立を通じて、現体制の安定性を確保しようとした。

85 胥世功著、平岩俊司訳、前掲論文、四八―五〇頁。
86 中共中央文献研究室編、前掲書（上）二九八、三〇五頁。
87 同書、三一八頁。
88 益尾知佐子、前掲書、八六頁。
89 李弘杓「韓中関係とエネルギー貿易」西村明・渡辺利夫編『環黄海経済圏――東アジアの未来を探る』五二頁。
90 同論文、同書五一頁。その一方で、当該時期、韓国からは主に織物、時計の部品、カラーテレビなどが中国に輸出された。
91 同論文、同書五一―五二頁。
92 「日中覚書貿易会談に関する周恩来総理発言メモ」日中国交回復促進議員連盟『日中関係資料集』一四〇―一四二頁。
93 中国朝鮮族住民の里帰りの詳細については、前掲拙稿を参照されたい。

第2章

1 中国朝鮮族は、主に日本の植民地支配時代に政治的な圧迫を受け、農地を奪われるなどして中国東北部（旧満州）地域で流民化し、解放後も中国東北部に定着した人たちである。韓国ではこのように故郷を離れた後、自分の意思とは関係なく故郷へ戻れなくなった人々を「失郷民」と称し、家族と離ればなれになった人々のことを「離散家族」と呼んでいる。中国国勢調査によると、一九八二年七月一日現在、朝鮮族の人口は一七六万人余りで、一部が北京、天津、上海などの大都市に散在しているほか、人口の八〇％以上が中国東北部の吉林省、黒龍江省、遼寧省および内モンゴル自治区に住んでいる。国家統計局編『中国統計年鑑』（一九八四年）三七頁、国務院人口普査弁公室・国家統計局人口統計司編『一九八二年人口普査資料』一八―一九頁。
2 大韓貿易振興公社編『韓国の輸出振興三〇年』五二四頁。
3 「里帰り交流」とは、そもそも朝鮮族の一世が故国である韓国へ永住または一時帰国することを意味していたが、後になって朝鮮族の二世およびその家族の韓国への一時訪問をも指すようになった。

4 冷戦変容期における中韓交流に関する先行研究には、金貴南「韓中経済貿易関係的発展及其趨勢研究」、李秉国『韓・中経済交流現場論――貿易から外交に至る道（一九七八―一九九二）』、劉金質・張敏秋・張小明『当代中韓関係』などがある。
5 李東俊『未完の平和――米中和解と朝鮮問題の変容（一九六九―一九七五年）』一六〇頁。
6 「北韓の親善使節団派遣現況、一九七三年一―三月」『北韓の対外政策、一九七三年』MF、ロール番号D―〇〇一三、ファイル番号一、四二頁、大韓民国国会図書館。
7 同、ファイル番号一、一一〇頁。
8 韓国外務部編『韓国の北方外交』一四頁。
9 同書、一五頁。
10 「朴大統領一九七三年の年頭記者会見（一九七三年一月一二日）」〈http://www.pa.go.kr/online_contents/speech/speech02/1306372_4248.html〉（アクセス日：二〇一一年一一月一日）。
11 一九七〇年代初めにおける韓国の対共産圏外交、とりわけ対中国外交の変化に関しては、外交官などの職務指針である「外交官職務遂行基本指針」の変化から読み取ることができる。一九六三年二月に改正された外務部の「外交官職務遂行基本指針」は共産圏諸国の外交官と職務上の接触を許可しないことを原則とするというように、外交官の職務上の行動を厳格に規定していた。特に、「北傀（北朝鮮）」、「中共（中国）」、「越盟（北ベトナム）」の三ヶ国は共産陣営国家の中でも特別視し、これら国との接触は一切禁止された。この指針は一九六七年に改正されたが、共産圏が外交官との接触において、従来は「完全に無視してこれを回避する」と指示されていた指針が「機会をみて接触的な攻勢を取るように」し、「敵性集団（北朝鮮、中国、北ベトナム）以外の共産国家との公的接触の余地を残す」と変えられ、三ヶ国以外の共産国家との接触に積極的に取り組むことにした。
さらに、一九七一年になって新たに「外交官等職務遂行指針」が制定されたが、従来の「敵性集団」「共産国家」という二分法が新指針では「北傀」「敵性集団」「その他共産国家」の三つに分けられた。その中で、「敵性集団（中国、北ベトナム）」に対しては、「やむを得ず対話する場合には健全な判断下で対処し不必要な言動を慎む」と規定された。その後、一九七三年の「六・二三宣言」の影響を受け、同年七月には従来の三区分の名称が「北傀」「敵性国家および集団」「非敵性共産国家」に変更されたが、「非敵性共産国家」には東欧、ソ連が属していた。

結局、中国は一九八〇年代初めに「非敵性共産国家」として韓国政府によって位置づけられた。しかし、以上で見たように、一九七〇年代初めに韓国の対中政策に顕著な変化は見られなかったものの、「敵性集団」を「敵性国家および集団」に変更するなど、変化の兆候は見られはじめたのである。木宮正史「朴正熙政権の対共産圏外交」『現代韓国朝鮮研究』(二〇一一年一一月、第一一号)五―六頁。

12 韓国外交通商部編『韓国外交五〇年(一九四八―一九九八)』三五五―三五七頁。

13 石崎菜生「韓国の北方政策」『アジアトレンド』(一九九二年Ⅰ号)六七―六八頁。韓国の北方政策に関しては、さらに、金学俊「韓国戦争休戦以降現在までの大韓民国の北方政策」韓国政治外交学会編『韓国北方関係の政治外交史的再照明』を参照されたい。

14 「対中共関係改善のための諸般の試み」『韓・中国(旧中共)関係改善、一九七三』MF、ロール番号C―〇〇六一、ファイル番号一八、四―七頁、大韓民国国会図書館。

15 「外務部長官発、駐仏大使宛、フランス政府当局に対する協力要請の事項」『韓・中国(旧中共)関係改善、一九七三』MF、ロール番号C―〇〇六一、ファイル番号一八、二六―二九頁、大韓民国国会図書館。

16 「オランダ外務省東北アジア太平洋地域課長エリック(A. Erich)との面談要録、(一九七三・一〇・一六)」、「駐和蘭大使館参事官宛の東北亜二課長の手紙(一九七三・一一・一五)」『韓・中国(旧中共)関係改善、一九七三』MF、ロール番号C―〇〇六一、ファイル番号一八、五九―六二頁、大韓民国国会図書館。

17 同上。

18 「韓国の対中共関係改善問題、一九七三・六・二七」『韓・中国(旧中共)関係改善、一九七三』MF、ロール番号C―〇〇六一、ファイル番号一八、二二頁、大韓民国国会図書館。

19 「中ソ間の競争関係を考慮した対共産圏(特に中共)関係改善方案」『韓・中国(旧中共)関係改善、一九七四』MF、ロール番号C―〇〇七二、ファイル番号一一、二二頁、大韓民国国会図書館。

20 谷牧『谷牧回憶録』二八八頁。

21 中共中央文献研究室編『鄧小平年譜（一九七五―一九九七）』（上）二六七頁。

22 「二つのすべて」は、「毛主席の意思決定はすべて断固擁護せねばならず、毛主席の指示はすべて終始変わることなく遵守せねばならない」ということを内容とした。

23 「四つの現代化」は、一九六四年末から六五年初めに開かれた第三期全人代第一回会議で、六六年からの第三次五ヶ年計画の目標として初めて周恩来によって提起された。中共中央党史研究室『中国共産党簡史』一三七頁。

24 「団結起来、為建設社会主義的現代化強国而奮闘」『人民日報』（一九七八年三月七日）。

25 李先念伝編写組編『李先念伝（一九四九―一九九二）』（下）一〇三五―一〇三八頁。

26 益尾知佐子『中国政治外交の転換点――改革開放と『独立自主の対外政策』』八五頁。

27 李先念伝編写組編、前掲書、一〇五五頁。

28 益尾知佐子、前掲書、一〇〇頁。

29 一九七八年六月、西欧への視察を終え帰国した谷牧経済代表団が中央政治局に先進技術の導入について報告を行った。同報告会では外国からの借款の利用など、さまざまな支払い方法に関して議論が行われた。また、同年七月における国務院務虚会では、とりわけ技術の導入、対外貿易の拡大および外資の利用などについて熱烈な議論が行われた。具体的には、谷牧、前掲書、三〇八―三一〇頁を参照されたい。

30 益尾知佐子「中国の『対外開放』戦略と日本――一九七八年、対日関係の国内的インプリケーション」『中国研究月報』（第六三巻第一一号）八―九頁。

31 中共中央文献編集委員会編集『鄧小平文選』第二巻、二九八、三〇五頁。

32 中共中央文献研究室編、前掲書、三一九、三二〇頁。

33 益尾知佐子、前掲書、九七頁。

34 谷牧、前掲書、三〇七頁。

35 李弘杓「韓中関係とエネルギー貿易」西村明・渡辺利夫編『環黄海経済圏――東アジアの未来を探る』四五、五二頁。

36 同上。

37 Jae-Ho Chung "South Korea-China Economic Relations: The Current Situation and Its Implications," *Asian Survey*, Vol.28-10, October 1988, pp.1045-1046.

38 江藤名保子「中国の対外戦略と日中平和友好条約」『国際政治』(第一五二号)三九―四二頁。

39 山極晃・毛里和子編『現代中国とソ連』三〇―三二頁。

40 江藤名保子、前掲論文、四六頁。

41 中国と北朝鮮との間の「内政不干渉」原則は、中国の「党際四原則」の中で明記されていた。「党際四原則」は独立自主、完全平等、相互尊重、内部事務への相互不干渉という四つの内容で構成されている。「率領全国各族人民為開創社会主義現代化建設的新局面而奮闘、中国共産党第一二次全国代表大会隆重開幕」『人民日報』(一九八二年九月二日)。

42 「駐米大使発、外務長官宛、米・中共会談内容の報告、一九七九」『韓・中共関係改善、一九七九』MF、ロール番号二〇〇九―〇八、ファイル番号一三、二頁、大韓民国国会図書館。

43 「駐米大使発、外務長官宛、米・中共会談内容の報告、一九七九」『韓・中共関係改善、一九七九』MF、ロール番号二〇〇九―〇八、ファイル番号一三、三頁、大韓民国国会図書館。

44 中華民国国防部情報局編『黄匪華講話:「八〇年代外交形勢、政策與今後任務」』三〇頁。

45 中国と韓国の間では一九七五年頃から貿易が始まったとする説もあるが、管見のかぎり、当該時期の貿易は中国政府主導の貿易ではなかったと考えられる。この時期の貿易は、一九七二年に韓国政府が「貿易取引法」を改定し、七三年に体制と理念と関係なく互恵の原則によってすべての国家に門戸を開放する「六・二三宣言」を発表したことで、非敵性国家に属する共産主義国家との貿易が可能となった状況の下で、香港に在住する韓僑や香港に進出している総合商社が香港の仲介商人を通じて間接的に行った中韓業者間の貿易であった。

46 中国は一九七二年四月に万国郵便連合(UPU)に加盟し、「万国郵便条約」にも加入した。したがって、「万国郵便条約」にそれぞれ加入している中国と韓国の間では、「万国郵便条約」の第三国経由の条項によって、両国とも同時に直接の郵便関係を持っている第三国(香港)を通じて、相互の書信往来が実現可能となった。関税庁通関管理局総括徴収課

47 『非敵性共産国家との小包郵便物交換通報（一九七九年）』。一九七〇年代初め、中国と韓国の間の具体的な郵便交流に関しては、韓国郵趣連合のサイトを参照されたい。〈http://cafe306.daum.net/stamp_updw〉（アクセス日：二〇一一年一一月二四日）。

48 「離散家族捜し事業」『赤十字消息』（一九八六年六月二五日）。

49 「中国在住同胞の帰国を含め、日本での再会も可能」『韓国日報』（一九八四年三月二五日）。

50 ジョン・ビョンセ「民族離散と離散家族捜し運動の社会的含意」『社会科学と政策研究』一〇二頁。

51 当時、中国との間の離散家族の再会問題をめぐっては、韓国外務部が中心になって企画を運営し、大韓赤十字社は実務と窓口の役割を果たすだけであった。

52 国際赤十字委員会には「中央尋人局（Central Tracing Agency）」が設置され、人捜し事業を進めている。

53 「韓国里帰り増加」『朝日新聞』（一九八四年一月一四日）。

54 大韓赤十字社編『離散家族捜し六〇年』三六頁。

55 同上。

56 「『人道的見地』と評価」『朝日新聞』（一九八四年三月二四日）。

57 中華民国国防部情報局編、前掲書、二八頁。

58 益尾知佐子「鄧小平期中国の対朝鮮半島外交――中国外交『ウェストファリア化』の過程」『アジア研究』第四八巻第三号、八三頁。

59 「韓国里帰り増加」『朝日新聞』（一九八四年一月一四日）。

60 「『夢に見ていた祖国』感激の涙」『東亜日報』（一九八九年一月一九日）。

61 「中国の韓国人二世が故国へ」『朝日新聞』（一九八四年八月一九日）。

62 開示文書『日本中曽根首相と中国趙紫陽総理との会談』（日本外務省大臣官房総務課情報公開室、一九八四年）。

「中ソ離散家族会」は当時、サハリン（樺太）に強制徴用で連れて行かれた人々や、彼らを待ちつづけてきた留守家族で構成された韓国の市民団体である。彼らの主な活動は旧ソ連や中国に住む親類縁者捜しを支援することであった。

63 「韓国の離散家族一〇人が訪中申請」『朝日新聞』（一九八四年三月二七日）。
64 「中国居住家族への招請手続きの簡素化」『赤十字消息』（一九八八年一二月三一日）。
65 「韓・中共赤十字代表会談を提議」『朝鮮日報』（一九八四年四月二九日）。
66 「韓国里帰り増加、中国昨年は一〇〇人超す」『朝日新聞』（一九八四年一月一四日）。
67 「対韓交流に積極的な姿勢」『ソウル新聞』（一九八四年三月二四日）。
68 「三五年ぶりに開く『中共への門』」『韓国日報』（一九八四年三月二四日）。
69 「韓・中共赤十字代表会談の提案」『朝鮮日報』（一九八四年四月二九日）。
70 「中韓の交流拡大を歓迎する」『朝日新聞』（一九八四年四月八日）。
71 Tae-Hwan Kwak, "China and the Korean Peninsula in the 1980s," *Korea and World Affairs*, Vol.4, No.1 (Spring 1980), pp.113-123.
72 「駐米大使発、外務長官宛、米・中共会談内容の報告、一九七九」『韓・中共関係改善、一九七九』MF、ロール番号二〇〇九―〇八、ファイル番号一三、二頁、大韓民国国会図書館。
73 「韓国との交流当面考えない」『朝日新聞』（一九七九年七月四日）。
74 「説明外交」に関して、李成日『中国の朝鮮半島政策――独立自主外交と中韓国交正常化』では、中国は改革開放路線の進展に伴って、中国民航機ハイジャック事件後、対韓政策に微妙な変化が生じたが、北朝鮮との特殊な関係を考慮し、韓国との外交接触があるたびに、北朝鮮にその経緯を説明したとしている。なお、この「説明外交」は一九九二年、中韓国交正常化が実現するまで続いたとも主張している。
75 「朝鮮政府歓宴呉学謙」『人民日報』（一九八三年五月二二日）。
76 外務部長官李範錫の報告「中共旅客機ハイジャック不時着事件処理に関する報告」『第一一六回第七次国会外務委員会会議録』（一九八三年五月一六日）六頁。〈http://likms.assembly.go.kr/kms_data/record/data1/116/116cb0007b.PDF#page=1〉（アクセス日：二〇一一年一二月六日）。
77 「韓国承認せず」『朝日新聞』（一九八四年二月一〇日）。
78 詳細は、平岩俊司『朝鮮民主主義人民共和国と中華人民共和国――「唇歯の関係」の構造と変容』第5章および第6章を参照されたい。
79 中華民国国防部情報局編、前掲書、三〇頁。
80 初代駐韓中国大使であった張庭延への中国鳳凰メディアによるインタビュー内容〈http://v.ifeng.com/his/201101/8943c67a-〉(アクセス日：二〇一一年六月二二日)。
81 木宮正史、前掲論文、前掲誌、八頁。
82 同上。

第3章

1 「ソウルでのアジア大会、中国がエントリー」『朝日新聞』(一九八六年六月八日)。
2 「我々は不純な競技に参加しないつもりだ」『労働新聞』(一九八六年九月一日)。
3 実際、中国は一九八四年末からソウル・アジア大会への参加の可能性について言及していた。一九八四年八月二六日午後、中国訪問中の森喜朗文相が北京の人民大会堂で李鵬首相と会談した際、八八年のソウル・オリンピック大会への中国の参加を打診した質問に対し、同首相は「現在は次回のアジア大会で良い成績を収めるよう努力している」と答え、中国のソウル・アジア大会への参加の可能性を漏らしていた。また、『朝日新聞』のインタビューにおいて、ある中国体育関係者は「ソウル・アジア大会への正式な参加の意思表明をできるだけ遅らせてきた」ことを明らかにした。前掲『朝日新聞』(一九八六年六月八日)。
4 金雲龍氏へのインタビュー(二〇〇九年六月一九日)。
5 王曙光『詳説中国改革開放史』四七頁。
6 岡部達味編『中国をめぐる国際環境』二三頁。
7 同上。
8 王曙光、前掲書、一四一頁。

9 同上。

10 改革開放政策が実施される前の一九七四年から中国はすでに外国から大規模なプラントを導入し、西側先進諸国との経済交流を深める姿勢を打ち出していた。その時から、中国指導部ではかつての「自力更生」を絶対的原則とする硬直な姿勢を改め、「自力更生」を基本方針とし、外国の技術・設備を利用することを補助的手段とすることを社会主義経済建設の基本方針として新たに打ち出した。王曙光、前掲書、七九頁。

11 特区の窓口論については、「一項重要決策的誕生」『瞭望』(一九八四年六月一一日)を参照されたい。

12 一四の沿海都市には、大連、秦皇島、天津、煙台、青島、連雲港、南通、上海、寧波、温州、福州、広州、湛江、北海が含まれる。

13 毛里和子「アジア太平洋に向う中国の眼」『国際問題』(一九八六年二月)四九頁。

14 丸山伸郎「Ⅲ 日中経済関係」岡部達味編『中国をめぐる国際環境』一〇〇頁。

15 同上。

16 劉国光「深圳特区的発展戦略目標」『人民日報』(一九八五年八月九日)。

17 毛里和子、前掲論文、前掲誌、五一頁。

18 同上。

19 改革開放以来、一九八〇年代にかけて、中国では韓国の経済、文化、法律、社会全般に関する研究が行われた。その中でも経済に関する研究は一九七〇年代末から始まり、八〇年代前半には数多くの書籍が出版されるなど、盛んに行われた。具体的には、科学工業部科学技術情報研究所編『新加坡、南朝鮮、香港及台湾省化学工業』(一九七九年)、中国社会科学院世界経済政治研究所編『南朝鮮経済:訳文集』(一九八一年)、張世和編『戦後南朝鮮経済』(一九八三年)、中国朝鮮経済研究会編『朝鮮経済文集』(一九八三年)などが挙げられる。

20 李鶴圭・曺永三「中国の対外経済政策の変化と韓・中経済交流」一四三頁。

21 同書、一一五頁。

22 中華民国国防部情報局編『黄匪華講話:「八〇年代外交形勢、政策與今後任務」』三〇頁。

23 金錫友『南北が会う、世界が会う』一八八―一八九頁、李昊『外交は詐欺なのか――中国、ソ連との間の韓国の北方外交の実態』二六四―二六八頁。
24 李昊、同書、二六四―二六八頁。
25 同書、二六七頁。
26 李秉国『韓・中経済交流現場論――貿易から外交に至る道（一九七八―一九九二）』二六頁。
27 黄大明他「亜太経済態勢与上海経済発展戦略」『社会科学』（一九八五年第八号）一六頁。
28 一九八五年度における中朝貿易が四・八八億ドルであったのに比べ、当該時期における中韓貿易は五・九四億ドルであった。当該時期の中朝貿易の統計に関しては『中国統計年鑑』を、中韓貿易の統計に関しては韓国産業研究院（ＫＩＥＴ）および韓国商工部の資料をそれぞれ参照にした。
29 河合弘子「中国と韓国の経済関係」『東洋文化研究所紀要』（第一三七冊）一八頁。
30 許家屯著、青木まさこ・趙宏偉・小須田秀幸訳『香港回収工作』九九頁。
31 李昊、前掲書、二六七頁。
32 金錫友、前掲書、一八九頁。
33 「韓国との国交樹立、鄧氏は八五年に決意、竹入義勝元公明委員長明かす」『朝日新聞』（一九九七年二月二一日）。中韓国交樹立後、中国の駐韓初代大使を務めていた張庭延も、鄧小平が一九八五年に中韓関係改善について言及したと回顧している。〈http://v.ifeng.com/his/201101/8943c67a-f73f-41d3-9b5a-f5de5f5f95c7.shtml〉（アクセス日：二〇一一年六月二一日）。
34 深川由起子「韓国における北方政策の進展と変容――政治目的から経済交流へ」『海外事情』（第三九巻第四号）二八―二九頁。同様な観点を主張する研究として、李鍾元「韓国の北方政策と環日本海経済圏――各政権期の経済的視点から」『経済科学』（第四七巻第一号）五二―五三頁。
35 Morton Abramowitz "Moving the Glacier: The Two Korea and the Powers" *Adelphi Papers*, No.80（London: The International Institute for Strategic Studies, 1971.）
36 金学俊「韓国戦争休戦以降現在までの大韓民国の北方政策」韓国政治外交史学会編『韓国北方関係の政治外交的再照

明』二四五―二四六頁。
37 韓国外務部編『韓国の北方外交』一四頁。
38 同書、一五頁。
39 「対蘇・中共の北方外交に力を注ぐ」『東亜日報』(一九八三年六月二九日)。
40 金達中「北方政策と韓・東欧関係改善の意味」『民族知性』(一九八九年八月号)八八頁。
41 朴哲彦「民族の進運と北方政策」『民族知性』(一九八九年四月号)一九〇―一九一頁。
42 沈図著、金明壕訳「中韓修交前哨戦一八時間の幕後談判」『月刊中央』(一九九〇年一〇月)五三三頁。
43 「企業、対中共進出を促進」『朝鮮日報』(一九八五年一月二二日)。
44 橋本茂樹「韓国の『北方政策』――対中・ソ関係改善状況と展望」『海外事情』(一九八九年三月)六五頁。
45 同上。
46 韓国企業の対中投資は一九八五年九月、ハンス物産の対中投資から始まったが、当時の投資額は一四・四万ドルであった。一九八六年における対中投資の件数は二件で、投資総額は一八五万ドルであった。栗林純夫「第七章　韓国・中国の経済関係」西村明・渡辺利夫編『環黄海経済圏――東アジアの未来を探る』一五〇頁。
47 ドン・オーバードーファー著、菱木一美訳『二つのコリア――国際政治の中の朝鮮半島』一八九頁。
48 一九八〇年一月二五日、当時外交部長を務めていた黄華はすでに北朝鮮の対ソ傾斜および北朝鮮の「第二のベトナム化」を憂慮する発言をしていた。中華民国国防部情報局編、前掲書、二八頁。
49 小此木政夫「中ソの北東アジア外交と日本」『国際問題』(一九八七年三月、第三二四号)五九―六〇頁。
50 ドン・オーバードーファー著、菱木一美訳、前掲書、一七六頁。
51 「スポーツ外交」の国際政治に果たす役割については、池井優「戦後国際政治とスポーツ」『国際問題』(第三四二号)、藤原健固『国際政治とオリンピック』を参照されたい。
52 「対中共関係改善のための諸般の試み」『韓・中国(旧中共)関係改善、一九七三』MF、ロール番号C-〇〇六一、ファイル番号一八、四―七頁、大韓民国国会図書館。

53 「国際行事に積極参加」『朝日新聞』(一九八四年三月一日)。
54 「アジア情勢に変化の兆し、アジア大会に見る国際政治」『朝日新聞』(一九八六年一〇月五日)。
55 「李先念拜会金日成、賓主進行親切交談」『人民日報』(一九八六年一〇月四日)。
56 「北京の狙い(アジア大会に見るスポーツと政治:中)」『朝日新聞』(一九八六年九月一一日)。
57 「ソウルでのアジア大会、中国がエントリー」『朝日新聞』(一九八六年六月八日)。
58 「アジア大会後の中韓関係は? 韓国外務省の専門家に聞く」『朝日新聞』(一九八六年一〇月七日)。
59 許家屯著、青木まさこ・趙宏偉・小須田秀幸訳、前掲書、九九―一〇〇頁。
60 「ソウル五輪に意欲的、朝鮮半島問題には慎重」『朝日新聞』(一九八四年三月一九日)。国際スポーツ大会における中国の対韓交流について、中国は一九八三年から北朝鮮にその存在を知らせていた。具体的には、張庭延『出使韓国』二頁を参照されたい。
61 「韓国政府承認とは別」『朝日新聞』(一九八四年三月三日)。
62 金錫友、前掲書、二一〇―二一一頁。
63 中朝政府指導者間の相互訪問については、平岩俊司『朝鮮民主主義人民共和国と中華人民共和国――『唇歯の関係』の構造と変容』三六七―三八八頁の「北朝鮮・中国関係年表」を参照されたい。
64 一九八〇年一月二五日、外交部長の黄華は内部報告を行い、朝鮮半島問題について言及した際、「我々は在韓米軍についての態度を関係諸国にすでに表明してきたが、米国の立場は理解する」と述べた。この発言は在韓米軍の存続についての中国の事実上の承認にほかならなかった。中華民国国防部情報局編、前掲書、二一九頁。
65 朝鮮半島統一方式についての「高麗連邦共和国」という北朝鮮の主張は、一九七三年六月二三日、韓国の朴正熙大統領が国連南北同時加盟を含む「平和統一外交政策に関する特別声明」を発表したのに応じて発表された金日成の「祖国統一五大方針」によって提起された。同方針は、①南北間の軍事的対峙状況の解消と緊張緩和、②南北間の政治、外交、軍事、経済、文化の多方面における合作、交流、③各界、各層の参加する大民族会議の開催、④連邦制―高麗連邦共和国、⑤二つの朝鮮排撃の五つの内容で構成された。金日成「民族の分裂を防止し、祖国を統一しよう」『金日成著作集』三八七―

三九一頁。
66 「李先念主席在金日成主席挙行的歓迎宴会上的講和（一九八六年一〇月三日）」劉金質・楊淮生主編『中国対朝鮮和韓国政策（一九七四—一九九四）』二四八三—二四八四頁。
67 鄭仲兵編『胡耀邦年譜資料長編』九七五頁。
68 「日本企業も北朝鮮へ投資を、鄧主任鈴木前首相に要望」『朝日新聞』（一九八四年一〇月二三日）。
69 「中国外交部発言人就朝鮮提出三方会談問題答記者問（一九八四年一月一一日）」劉金質・楊淮生主編、前掲書、二四〇〇頁。
70 中共中央文献研究室編『鄧小平年譜（一九七五—一九九七）』一〇九四頁。
71 「北朝鮮、アジア大会不参加でも五輪準備へ全力」『朝日新聞』（一九八六年九月一九日）。
72 銭其琛、前掲書、一五一頁。
73 同上。
74 延静（張庭延）『出使韓国』二四八頁。

第4章

1 劉金質・楊淮生主編『中国対朝鮮和韓国政策（一九七四—一九九四）』二三〇六—二三〇七頁。
2 河合弘子「中国と韓国の経済関係」『東洋文化研究所紀要』（第一三七冊）一八頁。
3 当該時期における中国外交当局者および韓国政府関係者への中韓関係改善関連のインタビュー内容が、中国鳳凰メディアによって、二〇〇九年八月と二一年一月に、二回にわたって初公開された。具体的には以下のサイトを参照されたい。〈http://v.ifeng.com/his/200908/2ab1587f-f930-4d72-a32e-32683654da21.shtml〉、〈http://v.ifeng.com/his/201101/8943c67a-f73f-41d3-9b5a-f5de5f5f95c7.shtml〉（アクセス日：二〇一一年六月二二日）。
4 太田勝洪・朱建栄『原典中国現代史　外交』一八二頁。

5　銭其琛『外交十記』三一七頁。
6　毛里和子「アジア太平洋に向う中国の眼」『国際問題』(一九八六年二月) 四三―五五、四九頁。
7　同、五〇頁。
8　趙紫陽総書記によって発表された「沿海地区経済発展戦略」は、沿海地域の優位性を発揮し、あわせて中国農村の過剰な労働力を利用すべく、沿海地域の郷鎮企業を利用して労働集約産業での委託加工貿易を発展させ、それによって得た資金で段階的に内陸地域や重化学工業の発展をも図っていこうとする構想であった。対象地域としては南部の長江デルタ、珠江デルタ、閩南三角地帯のほかに、山東半島や遼東半島も考えられていた。具体的には、「趙紫陽縦談沿海地区経済発展戦略」『人民日報』(一九八八年一月二三日) を参照されたい。
9　伊豆見元・小針進「盧泰愚政権発足後の中韓関係」『中国経済』(一九九一年一月) 四一頁。
10　「趙紫陽縦談沿海地区経済発展戦略」『人民日報』(一九八八年一月二三日)。
11　令狐衍「盧泰愚時代南韓路向探測」『鏡報』(一九八八年四月) 七八頁。
12　「実施沿海戦略応注意両個問題」『経済日報』(一九八八年五月一八日)。
13　廷静 (張庭延)『出使韓国』一四頁。
14　田紀雲『改革開放的偉大実践――紀念改革開放三〇周年』四九〇頁。中韓「ホットライン」の存在について、中国側はその組織の名称を「中韓経済協調小組」と呼んだのに対して、韓国側では同組織を「南朝鮮小組」と呼んでいた。池在元「南朝鮮小組、『ホットライン』の正体」『新東亜』(一九九四年一〇月)。
15　金化変「中国山東省:新しい『新羅坊』の可能性と限界」『季刊共産圏経済』(第一巻第二号) 七頁。
16　毛里和子、前掲論文、前掲誌、四九頁。
17　同、五一頁。
18　一九九〇年時点で、韓国の対中直接投資 (政府、民間企業、華僑) の中で、華僑の投資比重が八〇%を占めていた。池在元、前掲論文、前掲誌、二八三頁。
19　廷静 (張庭延)「跨越歴史的時刻――中韓関係演変回顧 (上)」『当代韓国』冬季号 (二〇〇五年) 三頁。

20 「第一三代大統領就任の辞（一九八八年二月二五日）」『大統領演説文』国家記録院大統領記録館〈http://www.pa.go.kr/online_contents/speech/speech02/1307296_4248.html〉（アクセス日：二〇一一年一一月二二日）。

21 「盧泰愚大統領、第六九周年三・一節記念の辞（一九八八年三月一日）」『大統領演説文』国家記録院大統領記録館〈http://www.pa.go.kr/online_contents/speech/speech02/1307297_4248.html〉（アクセス日：二〇一一年一一月二二日）。

22 「民族自尊と統一繁栄のための大統領の特別宣言」韓国外交通商部編『韓国外交五〇年（一九四八—一九九八）』三六〇—三六二頁。

23 金学俊「韓国戦争休戦以降現在までの大韓民国の北方政策」韓国政治外交史学会編『韓国北方関係の政治外交史的再照明』二五三—二五九頁。

24 朴哲彦「統一政策、人気に迎合することができない」『新東亜』（一九八八年九月）二〇四—二一六頁。

25 山東省威海市出身の華僑で、歴代韓国大統領の主治医を担当していた韓晟昊へのインタビュー内容「一九九〇、『金橋号』首航助推中韓建交」〈http://v.ifeng.com/his/201101/8943c67a-f73f-41d3-9b5a-f5de5f5f95c7.shtml〉（アクセス日：二〇一一年六月二二日）および古漠「中韓建交前的秘使韓晟昊」『名人軼事』（二〇〇二年第三期）九頁。

26 「西海岸開発構想」は、一九八七年に盧泰愚大統領候補により発表され、八八年に政府に受容されることとなった。韓国政府は中国市場により容易に進出するためには、中国と地理的に最も近い西海岸の開発が必要不可欠であると認識していた。そこで、韓国政府は全南霊光に中国を対象とした八〇万平方キロメートルの輸出工業団地と西海岸には四大工業地区を建設し、仁川、牙山、木浦、群山の各港を繋げる高速道路の建設と木浦港などの拡張を内容とする計画を立てた。「西海岸開発構想」の具体的な内容に関しては、『朝鮮日報』（一九八七年一二月三一日）を参照されたい。

27 「西海岸開発促進委員会、構成」『朝鮮日報』（一九八八年三月二四日）。

28 「開かれる大陸、西海岸の時代」『朝鮮日報』（一九八七年一二月三一日）。

29 同上。

30 一九八八年四月以来、山東省と韓国の間では、民間経済貿易代表団の非公式の相互訪問が続々と行われた。一九八八年の一年間に山東省は韓国から三〇一の経済貿易代表団を招待し、その訪中人数は一三七六人に達した。一方、山東省からは

31　三五の経済貿易代表団が韓国に派遣されたが、訪韓者数は一五〇人に及んだ。
32　韓国では中国など共産圏との経済交流において、大韓貿易振興公社（ＫＯＴＲＡ）が交渉の窓口としての役割を果たした。これは一九八〇年一月七日、青瓦台の貿易振興拡大会議において、対共産圏交渉の窓口として指定されたためである。対中国業務については、同公社の事業開発部内の特殊事業二課が一九八七年七月から本格的に着手しはじめた。大韓貿易振興公社編『韓国の輸出振興三〇年』五二五頁。
33　当時両者の間では、貿易事務所の設置以外にも、直接貿易、直接航路の開設、為替取引の開始などの内容について討議が行われた。「韓・中交易において官民が手足を合わせる時」『東亜日報』（一九八八年九月五日）。
34　中国国際貿易促進委員会（ＣＣＰＩＴ）が準政府機関であるのに対し、一九八八年七月二八日に設立された中国国際商会（ＣＣＯＩＣ）は、中国国際貿易促進委員会の傘下にある民間機構といわれる。なお、両者の会長は同一人物である。
35　"China expands non-governmental trade with foreign countries," *China Daily*, Feb.3.1989.
36　当時、中国外交部長であった銭其琛は、貿易事務所相互設置をめぐる中韓経済関係の発展について北朝鮮が強烈に反対していたため、二回にわたる中朝最高指導者間の会談を通じて、一九九〇年の後半にやっと中韓貿易事務所の設置に関する金日成の理解を得た、と回顧している。銭其琛、前掲書、一五二頁、および鍾之成『為了世界更美好——江沢民出訪紀実』五—六頁。
37　「趙紫陽報告：インフレ抑制と経済改善を重点に」『北京週報』（第四五号、一九八八年一一月八日）六頁。
38　朴斗福「中国の統一政策と対朝鮮半島政策の相関性の研究」『韓国と国際政治』（第七巻第一号）一一七—一二〇頁。
39　趙宏偉「中国の台湾政策の決定」『国際問題』（二〇〇〇年一一月）一七頁。
40　路鏗著、青木まさこ・趙宏偉訳『中国妖怪記者の自伝——二〇世紀史の証言』二四七—二五二頁。
41　銭其琛、前掲書、一五一頁。
42　同上。
43　令狐衍、前掲論文、前掲誌、七八頁。
　　李秉国『韓・中経済交流現場論——貿易から外交に至る道（一九七八—一九九二）』一九五頁。

44 当該時期における北方政策の具体的な内容については、朴哲彦、前掲論文を参照されたい。
45 『香港経済日報』(一九九〇年二月二三日)。
46 「中国事態混迷、業界非常」『東亜日報』(一九八九年六月八日)。
47 「金日成盛宴歓迎江沢民」『人民日報』(一九九〇年三月一五日)。
48 鍾之成『為了世界更美好――江沢民出語紀実』五頁。
49 朴斗福「韓・中関係の発展と韓・ソ関係の発展の相互関係に関する研究」『韓国と国際政治』(第六巻第一号)六八頁。
50 金世雄「中国の対韓国修交の決定要因に関する研究」一七八頁。
51 中国と北朝鮮を強く結びつける要因について分析を行った優れた研究には、平岩俊司『朝鮮民主主義人民共和国と中華人民共和国――「唇歯の関係」の構造と変容』がある。
52 「両岸密使穿梭蔵玄機」「両岸密使未完全曝光」『亜州週刊(香港)』(二〇〇〇年七月)六、三六、三七頁。
53 高木誠一郎「米国と中国・台湾問題――『一つの中国』原則を中心として」『国際問題』(二〇〇〇年一一月)三五頁。
54 リー・クアンユー著、小牧利寿訳『リー・クアンユー回顧録(下)』五三五頁。
55 「台湾、東欧交流を重視、政府レベルの格上げ狙う」『朝日新聞』(一九九〇年一月九日)。
56 李玟炯『中国・台湾の統一政策と経済協力の展望』七八頁。
57 「間接交易三原則」とは、中国との直接交易の禁止、企業人の対中国政府機関および政府要員との接触の禁止、間接交易に対する政府の不干渉を指す。
58 「間接輸入三原則」には、国家の安全を損なわないこと、国内産業に影響を与えないこと、国内製品の国際競争力の向上にプラスになること、などの内容が含まれた。
59 郭煥圭『台湾の行方』六一頁。
60 太田勝洪・朱建栄、前掲書、二五一頁。
61 李順石社長は、盧泰愚大統領と姻戚関係にある崔鍾賢会長(鮮京グループ)と同郷であり、同じ小学校の後輩でもあった。また崔鍾賢(チェ・ジョンヒョン)会長の弟である崔鍾旭(チェ・ジョンウク)とは同窓関係にあった。さらに李順石社長は中国国際友好連絡会の理事である劉亜洲と友人関係にあった。

62 李順石社長の役割について、韓国の盧泰愚元大統領と朴哲彦元大統領政策補佐官は肯定的な評価を与えていた。盧泰愚『盧泰愚回顧録』下巻、二四四―二四五頁、朴哲彦『正しい歴史のための証言』第二巻、一九六頁。

63 「韓中修交、企業人が密使の役割」『韓国日報』(一九九六年八月二六日)。

64 田紀雲―李順石秘密会談の内容については、「韓中修交、企業人が密使の役割」『韓国日報』(一九九六年八月二六日)を参照されたい。李順石社長の密使の役割については、盧泰愚元韓国大統領も『盧泰愚回顧録』下巻、二四四―二四五頁で言及している。

65 李昊『外交は詐欺なのか:中国、ソ連との間の韓国の北方外交の実態』一九九頁。

66 「中韓が準外交関係樹立――経済面でクロス承認」『日本経済新聞』(一九九〇年一〇月二一日)。

67 李鶴圭・曺永三「中国の対外経済政策の変化と韓・中経済交流」一四三、一四五頁。

68 チョ・ビョンセ『中国経済と韓国経済』八〇頁。

69 銭其琛、前掲書、一四八頁。

70 朴聖祚・崔南龍『北方貿易戦略――東欧圏、中国及び北朝鮮との交易のための接近方法と展望』一六七頁。

71 金世雄、前掲論文、五三頁。

72 李相玉『転換期における韓国外交――李相玉元外務長官の外交回顧録』一二九頁。

73 中国は韓国との関係改善において「韓国が容易に台湾との関係を捨て去ろうとするだろうか、台湾が中国と韓国の間で妨害をするのではないのか」との問題について憂慮していたという。延静(張庭延)、前掲書、一一頁。

74 趙全勝著、真水康樹・黒田俊郎訳『中国外交政策の研究――毛沢東、鄧小平から胡錦濤へ』二〇九頁。

1 「銭其琛外交部長、内外記者団と会見」『北京週報』（一九九〇年四月一〇日）一五頁。

2 一九九〇年一〇月二〇日に中国と韓国の間で民間貿易代表部の相互設置に関する合意が達成され、その翌年の一月に大韓貿易振興公社駐北京代表部が設置されてから、中国政府は表では韓国政府関係者との直接接触を忌避してきたが、実際には貿易代表部を通じて、韓国政府関係者との接触を頻繁に行っていた。一九九一年一一月にソウルで開かれる第三回APEC閣僚会議で議論する予定の中国、香港、台湾の同機構への加盟問題を討議するための九一年二月および五月における実務会談、同年六月における中国軍用機亡命問題に関する協議など、外交官レベルで行われた。

3 平岩俊司『朝鮮民主主義人民共和国と中華人民共和国――「唇歯の関係」の構造と変容』一九六頁。

4 「国家統一綱領」の具体的な内容については、台湾行政院大陸委員会の公式サイトを参照されたい。「大陸政策文件以往資料、一九九一年」、〈http://www.mac.gov.tw/ct.asp?xItem=57876&ctNode=5645&mp=2&xq_xCat=1991〉（アクセス日：二〇一二年一月一〇日）。

5 「評台湾『国家統一綱領』」『人民日報』（一九九一年三月一八日）。

6 李成日『中国の朝鮮半島政策――独立自主外交と中韓国交正常化』一八四頁。その理由について、李成日は一九九〇年九月におけるソ連・韓国国交正常化、同年一〇月における中韓貿易代表部相互設置の合意によって北朝鮮は衝撃を受けたに違いなく、それ以上北朝鮮に衝撃を与えないために中国は南北国連同時加盟への時期を延ばしたと分析している。

7 同書、一六八頁。

8 「済州韓・ソ首脳会談時の対話（発表の内容）、一九九一年四月二〇日」『大統領演説文』国家記録院大統領記録館〈http://www.pa.go.kr/online_contents/speech/speech02/1307652_4248.html#〉（アクセス日：二〇一二年一月一三日）。

9 同上。

10 李相玉『転換期における韓国外交――李相玉元外務長官の外交回顧録』五九頁。

11 同書、六四頁。

12 銭其琛『外交十記』一五三頁。

13 「李鵬、訪北決算――北韓に現実路線の参加を促す」『中央日報』（一九九一年五月七日）。

14 『北朝鮮政策動向』(第一七六号、一九九一年第六号)A九頁。
15 同上。
16 「北朝鮮、国連加盟で妥協案も」『朝日新聞』(一九九一年五月五日)。
17 『北朝鮮政策動向』(第一七八号、一九九一年第八号)二頁。
18 李相玉、前掲書、一二八—一二九頁。銭其琛、前掲書、一五三頁。
19 同上。
20 朴斗福「中国の統一政策と対朝鮮半島政策の相関性の研究」『韓国と国際政治』(第七巻第一号)一二五頁。
21 金日成「新年の辞」『労働新聞』(一九八九年一月一日)。
22 「宋平会見日本客人時説、北南朝鮮総理会談是好事」『人民日報』(一九九〇年九月六日)。
23 金日成「主体の革命的旗幟を鮮明にし、社会主義、共産主義の偉業を最後まで完成させよう」『労働新聞』(一九八八年九月九日)。
24 平岩俊司、前掲書、一八三頁。
25 「平和統一外交政策に関する特別声明」の第五項は、「国際連合の多数にわたる加盟国の意志であるならば、統一に障害にならない前提の下で、我々は北朝鮮とともに国際連合に加盟することに反対しない」との内容であった。具体的には、韓国外交通商部編『韓国外交五〇年(一九四八—一九九八)』三五五—三五七頁を参照されたい。
26 小此木政夫編著『北朝鮮ハンドブック』二四七—二四八頁。
27 同上。
28 朴テホ『朝鮮民主主義人民共和国対外関係史』五六頁。
29 「中国代表団団長喬冠華在第二八回聯合国大会全体会議上的発言(一九七三年一〇月二日)」劉金質・楊淮生主編『中国対朝鮮和韓国政策(一九七四—一九九四)』二〇六六—二〇六八頁。
30 同上。
31 「中華人民共和国和朝鮮民主主義人民共和国連合公報(一九七五年四月二六日)」劉金質・楊淮生主編、前掲書、二一二八

―二二九頁。

32 藤井新「朝鮮半島と国際連合――南北朝鮮の国連加盟問題」『国際政治』（第九二号）一四〇―一四一頁。

33 「外交部発言人重申我政府対朝鮮半島問題立場」『人民日報』（一九八八年九月九日）。

34 平岩俊司、前掲書、一九五―一九六頁。

35 曹麗琴「南北朝鮮加入聯合国的背景與朝鮮半島的問題」『東北亜研究』（一九九二年、第三期）二〇頁。

36 「盧泰愚大統領、一九九一年年頭記者会見、一九九一年一月八日」『大統領演説文』国家記録院大統領記録館〈http://www.pa.go.kr/online_contents/speech/speech02/1307620_4248.html〉（アクセス日：二〇一二年一月一三日）。

37 『北朝鮮政策動向』（第一七五号、一九九一年第五号）A一頁。

38 銭其琛、前掲書、一五三―一五四頁。

39 李相玉、前掲書、六五頁。

40 『北朝鮮政策動向』（第一七六号、一九九一年第六号）A九頁。

41 『北朝鮮政策動向』（第一七六号、一九九一年第六号）A九頁。

42 『北朝鮮政策動向』（第一八二号、一九九一年第一二号）二頁。

43 朴哲彦『正しい歴史のための証言』第二巻、二〇三―二〇四頁。

44 同上。

45 同書、二〇八頁。

46 中国最高指導部における意見調整について、元新華社香港支局長であった許家屯は、李鵬、李先念、江沢民のグループに楊尚昆が対抗していたと回顧していた。許家屯著、青木まさこ・趙宏偉・小須田秀幸訳『香港回収工作』三六三―三八〇、四二五―四五六頁。

47 李相玉、前掲書、一二七―一二八頁。

48 同書、一二八―一二九頁。

49 同書、一三七―一三八頁。

50 同書、一四三―一四四頁。
51 同上。
52 両国の国交正常化に関する提案について、この時期に中国外交部長を務めた銭其琛は回顧録で、「この会談で我々は双方の関心のある問題について意見交換を行った。その他に、私は中韓国交正常化の時機はまだ熟していないが、双方はまず両国の関係に関する問題を討議するための交渉チャンネルを構築すべきである」と主張したという。他方で、韓国の元外務部長官の李相玉の回顧録には、銭其琛外交部長が国交正常化交渉を秘密裏に開始することを正式に提議したと記されている。両者の主張には多少差異があるが、二人による単独会談が行われた一ヶ月後の一九九二年五月の第一次会談に国交正常化のための交渉がすでに始まっていたことから、前述の銭其琛外交部長の発言は、国交正常化交渉の提案を持って行われたと考えられる。李相玉、前掲書、一七五―一七六頁、および銭其琛、前掲書、一五七―一六〇頁。
53 李相玉、同書、一六七―一六九頁。
54 同上。
55 「銭其琛副総理兼外交部長在朝鮮外交部挙行的歓迎宴上的講話」劉金質・楊淮生主編、前掲書、二五八四頁。
56 「江沢民総書記同朝鮮労働党中央委員会総書記、朝鮮国家主席金日成会談時的談話」劉金質・楊淮生主編、前掲書、二五九四頁。
57 「中国歓迎朝鮮北南高級会談取得成果」劉金質・楊淮生主編、前掲書、二五九九頁。
58 李相玉、前掲書、一七五―一七六頁、および銭其琛、前掲書、一五七―一六〇頁。
59 「ドルで売買する『外交関係』」『労働新聞』(一九九〇年一〇月五日)。
60 『北朝鮮政策動向』(第一九六号、一九九二年第一二号)一頁。
61 「外交部発言人挙行記者招待会」『人民日報』(一九九二年八月二五日)。
62 平岩俊司、前掲書、二〇四―二〇五頁。
63 同書、一九九頁。
64 主権国家間で行われる対外交渉である「国家間外交」に対して、「党際外交」とは政党組織間で行われる対外交渉を指し示す。中国の「国家間外交」においては国務院下の外交部が主な担当機関であり、「党際外交」においては中聯部がその執行機関である。中国と北朝鮮との間で存在する党と国家にわたる二重性について、益尾知佐子は次のように指摘している。中朝は中国建国の五日後に国交樹立に合意したが、朝鮮戦争が勃発して資本主義陣営と対峙することになる一九五〇年八月まで、中国は北朝鮮に大使館を設置せず、国共内戦期から北朝鮮に置かれていた中国共産党代表処が両者の連絡機構の役割を果たした。現在（二〇〇二年）に至るまで中国の駐朝大使館と北朝鮮の駐中大使館は、それぞれの党の代表団との二枚看板であり、これは中国の他の在外公館にはもはや見られない特徴である。益尾知佐子「鄧小平期中国の対朝鮮半島外交――中国外交『ウェストファリア化』の過程」『アジア研究』（第四八巻第三号）七九、九七頁。

65 関係者へのインタビュー（二〇一二年一月二六日）。中韓国交正常化が実現したことによって、北朝鮮が中国外交部をまったく信じなくなったため、その後の中朝交流において中聯部が対北朝鮮関係における担当部署となった。

66 中国と北朝鮮との間の最高指導者間の相互訪問については、李成日、前掲書、六頁が詳しい。李成日は、以上のような中朝最高指導者間の相互訪問および協調体制が、中朝関係における重要な特徴であると指摘した。

67 「田紀雲副委員長在大丘直轄市向韓国工商界発表的演講」劉金質・楊淮生主編、前掲書、二六二六―二六二七頁。

68 「中国政府代表団団長李嵐清訪問韓国時的三次講話」劉金質・楊淮生主編、前掲書、二六三三頁。

69 「中国党政代表団団長胡錦涛会見金日成主席時的談話」劉金質・楊淮生主編、前掲書、二六二八―二六二九頁。

70 「江沢民主席会見朝鮮軍事代表団時的談話」劉金質・楊淮生主編、前掲書、二六四八頁。

71 「外交部発言人挙行記者招待会」『人民日報』（一九九二年八月二五日）。

72 同上。

73 石井明「中国の朝鮮半島政策――一九八〇年代前半を中心に」『竹田晃先生退官記念東アジア文化論叢』五二七頁。

主要参考文献・資料

一次資料

1　韓国政府文書

（1）国会図書館所蔵

「オランダ外務省東北アジア太平洋地域課長エリック（A. Erich）との面談要録（一九七三・一〇・一六）」、「駐和蘭大使館参事官宛の東北亜二課長の手紙（一九七三・一一・一五）」『韓・中国（旧中共）の関係改善、一九七三』ＭＦ、ロール番号C−〇〇六一、ファイル番号一八、五九―六二頁。

「外務部長官発、駐仏大使宛、フランス政府当局に対する協力要請の事項」『韓・中国（旧中共）の関係改善、一九七三』ＭＦ、ロール番号C−〇〇六一、ファイル番号一八、二六―二九頁。

「韓国の対中共関係改善問題、一九七三・六・二七」『韓・中国（旧中共）関係改善、一九七三』ＭＦ、ロール番号C−〇〇六一、ファイル番号一八、二二頁。

「北韓の親善使節団派遣現況、一九七三年一―三月」『北韓の対外政策、一九七三』ＭＦ、ロール番号D−〇〇一三、ファイル番号一、四二頁、一一〇頁。

「対中共関係改善のための諸般の試み」『韓・中国（旧中共）の関係改善、一九七三』ＭＦ、ロール番号C−〇〇六一、ファイル番号一八、四—七頁。

「駐イタリア大使発外務部長官宛電文、一九七三年二月二八日」『韓・ソ連関係改善のための外交官接触、一九七三年』MF、ロール番号C—〇〇六二、ファイル番号二、三八頁。

「中ソ間の競争関係を考慮した対共産圏（特に中共）関係改善方案」『韓・中国（旧中共）の関係改善、一九七四』MF、ロール番号C—〇〇七二、ファイル番号一一、二一頁。

「駐米大使発、外務長官宛、米・中共会談内容の報告、一九七九」『韓・中共関係改善、一九七九』MF、ロール番号二〇〇九—〇八、ファイル番号一三、二—三頁。

（2）国家記録院所蔵
関税庁通関管理局総括徴収課『非敵性共産国家との小包郵便物交換通報（一九七九年）』（管理番号BA〇一三七八三）
「朴大統領一九七三年の年頭記者会見（一九七三年一月一二日）」『大統領演説文』大統領記録館〈http://www.pa.go.kr/online_contents/speech/speech02/1306372_4248.html〉
「第一三代大統領就任の辞（一九八八年二月二五日）」『大統領演説文』大統領記録館〈http://www.pa.go.kr/online_contents/speech/speech02/1307296_4248.html〉
「盧泰愚大統領、第六九周年三・一節記念の辞（一九八八年三月一日）」『大統領演説文』大統領記録館〈http://www.pa.go.kr/online_contents/speech/speech02/1307297_4248.html〉

2　回顧録・回顧文

〈日本語〉
許家屯著、青木まさこ・趙宏偉・小須田秀幸訳『香港回収工作』筑摩書房、一九九六年
ゴルバチョフ（ミハイル）著、工藤精一郎・鈴木康雄訳『ゴルバチョフ回想録（下）』新潮社、一九九六年

〈中国語〉
田紀雲『改革開放的偉大実践――紀念改革開放三十周年』新華出版社、二〇〇九年
李　鵬『平和與発展：李鵬外事日記』新華出版社、二〇〇八年
谷　牧『谷牧回憶録』中央文献出版社、二〇〇九年
黄　華『親歴與見聞：黄華回顧録』世界知識出版社、二〇〇二年
銭其琛『外交十記』世界知識出版社、二〇〇三年
張瑞杰「中韓建交往事回顧」『百年潮』（二〇一〇年、第八期）
鍾之成『為了世界更美好――江沢民出訪紀実』世界知識出版社、二〇〇六年
延静（張庭延）『出使韓国』山東大学出版社、二〇〇四年

〈韓国・朝鮮語〉
金錫友『南北が会う、世界が会う』高麗園、一九九五年
盧信永『盧信永回顧録』高麗書籍、二〇〇〇年
盧泰愚『盧泰愚回顧録』朝鮮ニュースプレス、二〇一一年
朴哲彦『正しい歴史のための証言』ランダムハウス中央、二〇〇五年
李相玉『転換期における韓国外交――李相玉元外務長官の外交回顧録』人生と夢、二〇〇二年
崔浩中『褪せた光栄の中、後悔はない』三和出版社、一九九九年

3　オーラルヒストリー

中国鳳凰メディア『解密：中韓建交鮮為人知的歴程』（二〇〇九年八月、一一年一月）〈http://v.ifeng.com/his/200908/2ab1587f-f930-4d72-a32e-3268654da21.shtml〉〈http://v.ifeng.com/his/201101/8943c67a-f73f-41d3-9b5a-f5de5f5f95c7.shtml〉

二次資料

1　単行本

〈日本語〉

青山瑠妙『現代中国の外交』慶應義塾大学出版会、二〇〇七年
池田勝・守能信次編『講座・スポーツの社会科学』杏林書院、一九九八年
井尻秀憲編著『中台危機の構造：台湾海峡クライシスの意味するもの』勁草書房、一九九七年
今村弘子『中国から見た北朝鮮経済事情』朝日新聞社、二〇〇〇年
上野秀夫『中国と世界経済：対外開放体制の発展戦略』中央経済社、一九九〇年
王曙光『詳説中国改革開放史』勁草書房、一九九六年
太田勝洪・朱建栄『原典中国現代史　外交』岩波書店、一九九五年
オーバードーファー（ドン）著、菱木一美訳『二つのコリア――国際政治の中の朝鮮半島』共同通信社、二〇〇二年
岡部達味『ポスト冷戦のアジア太平洋』日本国際問題研究所、一九九五年
――『中国の対外戦略』東京大学出版会、二〇〇二年
――編『中国外交――政策決定の構造』日本国際問題研究所、一九八三年
――編『中国をめぐる国際環境』岩波書店、二〇〇一年
岡部達味・毛里和子『改革・開放時代の中国』日本国際問題研究所、一九九一年
小此木政夫編『岐路に立つ北朝鮮』日本国際問題研究所、一九八八年
――編『ポスト冷戦の朝鮮半島』日本国際問題研究所、一九九四年
――編著『北朝鮮ハンドブック』講談社、一九九七年

――――編『金正日時代の北朝鮮』日本国際問題研究所、一九九九年
小此木政夫・赤木完爾共編『冷戦期の国際政治』慶應通信、一九八七年
小此木政夫・文正仁編『市場・国家・国際体制』慶應義塾大学出版会、二〇〇一年
郭煥圭『台湾の行方』創風社、二〇〇五年
片岡幸雄『中国の対外経済論と戦略政策』渓水社、二〇〇六年
加藤哲郎『ソ連崩壊と社会主義：新しい世紀へ』共栄書房、一九九二年
神谷不二『朝鮮半島論』ＰＨＰ研究所、一九九四年
菅英輝編著『朝鮮半島危機から平和構築へ』社会評論社、二〇〇四年
河合弘子『中国と朝鮮半島の経済関係』アジア政経学会、一九九六年
金淑賢『中韓国交正常化と東アジア国際政治の変容』明石書店、二〇一〇年
木村昌人『日米民間経済外交：一九〇五―一九一一』慶應通信、一九八九年
金日成『金日成著作集』外国文出版社（平壌）、一九八四年
金浩鎮著、李健雨訳『韓国政治の研究』三一書房、一九九三年
国分良成『中国政治と民主化――改革・開放政策の実証分析』サイマル出版会、一九九二年
――――『アジア時代の検証：中国の視点から』朝日新聞社、一九九六年
――――『中国政治と東アジア』慶應義塾大学出版会、二〇〇四年
小島朋之『現代中国の政治：その理論と実践』慶應義塾大学出版会、一九九九年
小林弘二編『中国の世界認識と開発戦略関係資料集』アジア経済研究所、一九八九年
小牧輝夫編『朝鮮半島――開放する東アジアと南北対話』アジア経済研究所、一九八六年
坂上康博『スポーツと政治』山川出版社、二〇〇一年
司空壹著、宇山博訳『韓国経済新時代の構図』東洋経済新報社、一九九四年
鈴木昌之『北朝鮮――社会主義と伝統の共鳴』東京大学出版会、一九九二年

――――『北朝鮮首領制の形成と変容――金日成、金正日から金正恩へ』明石書店、二〇一四年
鐸木昌之・平岩俊司・倉田秀也編『朝鮮半島と国際政治：冷戦の展開と変容』慶應義塾大学出版会、二〇〇五年
添谷芳秀『日本外交と中国：一九四五―一九七二』慶應義塾大学出版会、一九九五年
添谷芳秀・赤木完爾編『冷戦後の国際政治：実証・政策・理論』慶應義塾大学出版会、一九九八年
『竹田晃先生退官記念東アジア文化論叢』汲古書院、一九九一年
趙全勝著、真水康樹・黒田俊郎訳『中国外交政策の研究――毛沢東、鄧小平から胡錦濤へ』法政大学出版局、二〇〇七年
趙啓正著、王敏編・監訳『中国の公共外交：「総・外交官」時代』三和書籍、二〇一一年
鄭鎮渭著、小林敬爾訳『平壌：中ソの挟間で北朝鮮は中ソ紛争（一九五八―一九七五）にどう対応したか』コリア評論社、一九八三年
西村明・渡辺利夫編『環黄海経済圏――東アジアの未来を探る』九州大学出版会、一九九一年
日中経済協会『中国の対外経済政策と国際関係』一九八三年
日中国交回復促進議員連盟『日中関係資料集』一九七一年
日本貿易振興会『高まる中国とアジアＮＩＥｓ間の経済貿易交流』一九八九年
野村浩一他編『民主化運動と中国社会主義』、岩波講座『現代中国』（別巻Ⅰ）、岩波書店、一九九〇年
バーネット（Ａ・ドーク）著、伊豆見元・田中明彦訳『現代中国の外交――政策決定の構造とプロセス』教育社、一九八六年
服部民夫・佐藤幸人編『韓国・台湾の発展メカニズム』アジア経済出版会、一九九六年
平岩俊司『朝鮮民主主義人民共和国と中華人民共和国――「唇歯の関係」の構造と変容』世織書房、二〇一〇年
――――『北朝鮮――変貌を続ける独裁国家』中央公論新社（中公新書）、二〇一三年
平野健一郎編『国際文化交流の政治経済学』勁草書房、一九九九年
――――『国際文化論』東京大学出版会、二〇〇〇年
藤原健固『国際政治とオリンピック』道和書院、一九八四年
ボリーソフ（Ｏ・Ｂ）、Ｂ・Ｔ・コロスコフ著、滝沢一郎訳『ソ連と中国：友好と敵対の関係史』サイマル出版会、一九七九

年
益尾知佐子『中国政治外交の転換点――改革開放と「独立自主の対外政策」』東京大学出版会、二〇一〇年
三谷静夫編『朝鮮半島の政治経済構造』日本国際問題研究所、一九八三年
毛里和子『中国とソ連』岩波書店、一九八九年
山内一男編集責任『中国経済の転換』岩波講座『現代中国（第2巻）』岩波書店、一九八九年
山極晃・毛里和子編『現代中国とソ連』日本国際問題研究所、一九八八年
山本勲『中台関係史』藤原書店、一九九九年
リー・クアンユー著、小牧利寿訳『リー・クアンユー回顧録（下）』日本経済新聞社、二〇〇〇年
李成日『中国の朝鮮半島政策――独立自主外交と中韓国交正常化』慶應義塾大学出版会、二〇一〇年
李東俊『未完の平和――米中和解と朝鮮問題の変容（一九六九―一九七五年）』法政大学出版局、二〇一〇年
路鏗著、青木まさこ・趙宏偉訳『中国妖怪記者の自伝――二〇世紀史の証言』筑摩書房、一九九九年

〈中国語〉
朴鍵一編『中国対朝鮮半島研究』民族出版社、二〇〇六年
田曾佩編『改革開放以来的中国外交』世界知識出版社、一九九三年
李恩民『中日民間経済外交（一九四五―一九七二）』人民出版社、一九九七年
李先念伝編写組編『李先念伝（一九四九―一九九二）』（下）中央文献出版社、二〇〇九年
劉徳海『八〇年代中期以来的南韓対外関係：経貿外交成功的実例』国立政治大学外交学系、一九九七年
劉金質編『中国与朝鮮半島国家関係文件資料匯編（一九九一―二〇〇六）』世界知識出版社、二〇〇六年
劉金質・張敏秋・張小明『当代中韓関係』中国社会科学出版社、一九九八年
劉金質・楊淮生主編『中国対朝鮮和韓国政策（一九七四―一九九四）』中国社会科学出版社、一九九四年
高崇雲『中共與南北韓関係的研究』台湾正中書局、一九八九年

国家統計局編『中国統計年鑑』中国統計出版社、一九八四、一九八九、一九九一各年版
国務院人口普査弁公室・国家統計局人口統計司編『一九八二年人口普査資料』(中国統計出版社、一九八五年)
洪停杓・張植栄『当代中国外交新論』励志出版社、二〇〇四年
宦　郷『宦郷文集』世界知識出版社、一九九四年
黄　華『親歴与見聞：黄華回憶録』世界知識出版社、二〇〇七年
黄金祺『概説外交』世界知識出版社、一九九五年
曲　星『中国外交五〇年』江蘇人民出版社、二〇〇〇年
謝益顕編『当代中国外交史（一九四九—二〇〇一）』中国青年出版社、二〇〇二年
許利平主編『当代周辺国家的中国観』社会科学文献出版社、二〇一三年
趙不涛編著『外事概説』上海社会科学院出版社、一九九五年
張雅文『韓国総統的中国「御医」：打開中韓通道的秘密使者』作家出版社、一九九八年
鄭仲兵編『胡耀邦年譜資料長編』時代国際出版有限公司、二〇〇五年
中共中央党史研究室『中国共産党歴史（一九四九—一九七八）』第二巻（下冊）中共党史出版社、二〇一〇年
——『中国共産党簡史』中共党史出版社、二〇〇一年
——編『中共党史資料（第四七輯）』中共党史出版社、一九九三年
中共中央文献編集委員会編集『鄧小平文選（第二巻）』人民出版社、一九九四年
——『鄧小平文選（第三巻）』人民出版社、一九九四年
中共中央文献研究室編『鄧小平年譜（一九七五—一九九七）』中央文献出版社、二〇〇四年
中華民国国防部情報局編『黄匪華講話：「八〇年代外交形勢、政策與今後任務」』一九八一年
中華人民共和国外交部外交史研究室編『周恩来外交活動大事記一九四九—一九七五』世界知識出版社、一九九三年
中華人民共和国外交部・中共中央文献研究室編『毛沢東外交文選』中央文献出版社、一九九四年
陳峰君・王伝剣『亜太大国与朝鮮半島』北京大学出版社、二〇〇二年

宋成有編『中韓関係史』社会科学文献出版社、一九九七年
楊公素『当代中国外交理論与実践』励志出版社、二〇〇二年
楊軍・王秋彬『中国与朝鮮半島関係史論』社会科学文献出版社、二〇〇六年
楊昭全編『中朝関係通史』吉林人民出版社、一九九六年
于越・白墨編『鄧小平与外国首脳』中共中央党校出版社、一九九九年
王泰平主編『中華人民共和国外交史』第三巻（一九七〇―一九七八）、世界知識出版社、一九九九年

〈韓国・朝鮮語〉

金世雄『中国の対外政策と韓国』高麗園、一九九九年
大韓貿易振興公社編『韓国の輸出振興三〇年』大韓貿易振興公社、一九九二年
大韓貿易投資振興公社編『ＫＯＴＲＡ四〇年、韓国経済四〇年』（別冊）大韓貿易投資振興公社、二〇〇二年
大韓赤十字社編『離散家族捜し六〇年』大韓赤十字社、二〇〇四年
朴聖祚・崔南龍『北方貿易戦略――東欧圏、中国及び北朝鮮との交易のための接近方法と展望』ジョンイェウォン、一九八九年
朴テホ『朝鮮民主主義人民共和国対外関係史』社会科学出版社（平壌）一九八五年
方秀玉『中国の外交政策と韓中関係』人間サラン、二〇〇四年
徐鎮英『二一世紀中国政治』ポリテリア、二〇〇八年
宋永祐編『韓中関係論』知永社、一九九四年
李奎泰『現代韓中関係論』ボムハンソゾク、二〇〇七年
李玟炯『中国・台湾の統一政策と経済協力の展望』産業研究院、一九九一年
李秉国『韓・中経済交流現場論――貿易から外交に至る道（一九七八―一九九二）』ナナム出版、一九九七年
李鍾爽『北韓―中国関係（一九四五―二〇〇〇）』中心図書出版、二〇〇〇年

李鶴圭・曺永三『中国の対外経済政策の変化と韓・中経済交流』産業研究院、一九九二年
李　昊『外交は詐欺なのか：中国、ソ連との間の韓国の北方外交の実態』第一メディア、一九九七年
鄭鎮渭『北方三角関係――北韓の対中・ソ関係を中心に』法文社、一九八五年
鄭在浩編『中国政治研究論』ナナム出版、二〇〇〇年
チョ・ビョンセ『中国経済と韓国経済』デウン出版社、一九九四年
河龍出他『北方政策：起源、展開、影響』ソウル大学出版部、二〇〇三年
韓国外交通商部編『韓国外交五〇年（一九四八―一九九八）』韓国外交通商部、一九九九年
韓国外務部編『韓国の北方外交』韓国外務部、一九九〇年
ホ・ムンヨン『脱冷戦期における北朝鮮の対中国・ロシア関係』民族統一研究院、一九九三年

〈英語〉
Chung Jae Ho, Between Ally and Partner: Korea-China Relations and the United States, Columbia University Press, 2007.
Kim Hak-Joon, The Sino-North Korea Relations, 1945-1984, Korean Research Center, Seoul, 1985.
Lee Chae Jin, China and Korea: Dynamic Relations, Hoover Press, 1996.
Ravenhill John, China, Korea and Taiwan, E. Elgar, 1995.
Samuel S. Kim, China and the World: Chinese Foreign Policy Faces the New Millennium, Columbia University Westview Press, 1998.
Yi Xiaoxiong, China's Korea Policy: Change and Continuity, Ph.D. Thesis, American University, 1993.

2　論文

〈日本語〉

秋月望「華夷システムの延長上にみる中国・朝鮮半島関係――中韓国交樹立と中朝関係」『アジア研究』（一九九三年一二月、第四〇巻第三号）

李鍾元「韓国の北方政策と環日本海経済圏――各政権期の経済的視点から」『経済科学』（一九九九年、第四七巻第一号）

池井優「戦後国際政治とスポーツ」『国際問題』（一九八八年九月、第三四二号）

――「日中スポーツ交流（一九五六―一九七二年）――政治とスポーツの間」『法学研究』（一九八五年二月、第五八巻第二号）

石崎菜生「韓国の北方政策」『アジアトレンド』（一九九二年Ⅰ号）

伊豆見元・小針進「盧泰愚政権発足後の中韓関係」『中国経済』（一九九一年一月）

江藤名保子「中国の対外戦略と日中平和友好条約」『国際政治』（二〇〇八年三月、第一五二号）

王効平「山東半島の対外開放と中韓経済交流」『経済論評』（一九九二年、二月号）

岡部達味「中国外交の新展開」『中国の対外経済政策と国際関係』日中経済協会、一九八三年

河合弘子「中国と韓国の経済関係」『東洋文化研究所紀要』（一九九九年、第一三七冊）

宦郷著、辻康吾訳「資本主義――いま中国はこうみる」『エコノミスト』（一九八四年一〇月二三日）

木宮正史「朴正熙政権の対共産圏外交」『現代韓国朝鮮研究』（二〇一一年一一月、第一一号）

倉田秀也「韓国『北方政策』の萌芽――朴正熙『平和統一外交宣言』の諸相」『国際政治』（一九八九年一〇月、第九二号）

小林熙直「『経済特区』と中国の開放政策」『国際問題』（一九八五年二月、第二九九号）

曹世功著、平岩俊司訳「中国の朝鮮半島政策――ある中国人学者の視角」『国際政治』（一九八九年、第九二号）

高木誠一郎「米国と中国・台湾問題――『一つの中国』原則を中心として」『国際問題』（二〇〇〇年一一月）

崔慶原「日韓安全保障関係の形成――分断体制下の二つの『安保危機』」慶應義塾大学博士論文、二〇一〇年（『冷戦期日韓安全保障関係の形成』慶應義塾大学出版会、二〇一四年）

趙宏偉「中国の台湾政策の決定」『国際問題』（二〇〇〇年一一月）
西原正「日本外交と非正式接触者」『国際政治』（一九八三年一〇月、第七五号）
波濤「『北進』と『南下』の戦略――わが国の対外資金協力関係の発展について」『ジェトロ中国経済』（一九八五年七月）
橋本茂樹「韓国の『北方政策』――対中・ソ関係改善状況と展望」『海外事情』（一九八九年三月）
深川由起子「韓国における北方政策の進展と変容――政治目的から経済交流へ」『海外事情』（第三九巻第四号、一九九一年四月）
藤井新「朝鮮半島と国際連合――南北朝鮮の国連加盟問題」『国際政治』（一九八九年、第九二号／『北朝鮮の法秩序』小石川ユニット発行、世織書房発売、二〇一四年、所収）。
別枝行夫「戦後日中関係と中国外交官」『北東アジア研究』（二〇〇一年一〇月、第二号）
益尾知佐子「鄧小平期中国の対朝鮮半島外交――中国外交『ウェストファリア化』の過程」『アジア研究』（二〇〇二年七月、第四八巻第三号）
――「中国の『対外開放』戦略と日本――一九七八年、対日関係の国内的インプリケーション」『中国研究月報』（二〇〇九年一一月、第六三巻第一一号）
毛里和子「アジア太平洋に向う中国の眼」『国際問題』（一九八六年二月）
吉澤宏始「国交正常化から改革開放開始まで（11）」『ＪＣＣマンスリー』（二〇〇六年一二月）
李弘杓「韓中関係とエネルギー貿易」西村明・渡辺利夫編『環黄海経済圏――東アジアの未来を探る』（九州大学出版会、一九九一年）
林聖愛「冷戦変容期における中韓非政府間交流の新展開――『里帰り交流』から『スポーツ交流』へ」『法学政治学論究』（二〇〇九年六月、第八一号）
――「一九八〇年代後半における中国の対韓民間経済外交の展開――民間貿易事務所相互設置に関する合意を中心に」『法学政治学論究』（二〇一〇年六月、第八五号）
――「中国の対韓民間経済外交と中韓経済関係の正常化（一九八八―一九九〇）――北京・ソウル民間貿易代表部の相互設

置を中心に」『現代韓国朝鮮研究』（日本現代韓国朝鮮学会）（二〇一一年一一月、第一一号）

〈中国語〉

李小林「在改革開放的大潮中擁抱世界：改革開放以来的民間外交」『求是』（二〇〇九年四月）
李元明「ソ連覇権主義的歴史淵源」『理論動態』（一九八一年八月五日、第二九三期）
令狐衍「盧泰愚時代南韓路向探測」『鏡報』（一九八八年四月）
宦　郷「我国外交政策的変化与当前国際関係：一九八五年一二月二六日在中央党校的講話」『理論動態』（一九八六年三月一〇日、第六二六期）
黄大明他「亜太経済態勢与上海経済発展戦略」『社会科学』（一九八五年第八号）
金貴南「韓中経済貿易関係的発展及其趨勢研究」中国社会科学院博士論文、二〇〇一年
斉懐遠「鄧小平的民間外交思想与実践」『友声』（一九九六年、第二期）
趙啓正「由民間外交到公共外交」『外交評論』（二〇〇九年、第五期）
張庭延「跨越歴史的時刻――中韓関係演変回顧（上）」『当代韓国』（二〇〇五年、冬季号）
張瑞杰「中韓建交往事回顧」『百年潮』（二〇一〇年、第八期）
陳龍娟・于海霞「試論中国共産党的民間外交」『石油大学学報（社会科学版）』（二〇〇五年四月、第二一巻第二期）
陳玉璽「弾性外交與両岸関係」『鏡報月刊』（一九九〇年一〇月）
石源華「簡論中韓建交的歴史背景」、外交学院編『外交学院学報』（一九九五年第一期）
任　暁「改革開放以来的上海朝鮮半島研究」『国際観察』（二〇〇六年、第二期）
曹麗琴「南北朝鮮加入聯合国的背景與朝鮮半島的問題」『東北亜研究』（一九九二年、第三期）
王玉貴「鄧小平与新時期的中米民間外交」『盐城師範学院学報』（二〇〇九年一〇月、第二九巻第五期）
王玉貴・顧莹恵・朱蓉蓉「中国共産党民間外交理論与実践研究」『党史研究与教学』（二〇〇四年、第五期）

〈韓国・朝鮮語〉
金基廷・李幸「民主化と韓国外交政策――理論的分析枠組みの模索」『国際政治論叢』（第三二集、第二号）
金達中「北方政策と韓・東欧関係改善の意味」『民族知性』（一九八九年、八月号）
金鳳石「中国の朝鮮半島の独立自主外交政策に関する研究」大邱大学博士論文、一九九一年
金春燕「一九九二年の韓中国交正常化に関する研究――中国の対米・対日牽制を中心に」韓国学中央研究院韓国学大学院博士論文、二〇〇六年
金世雄「中国の対韓国修交の決定要因に関する研究」高麗大学大学院博士論文、一九九八年
金学俊「韓国戦争休戦以降現在までの大韓民国の北方政策」韓国政治外交史学会編『韓国北方関係の政治外交史的再照明』平民社、一九九〇年
金化変「中国山東省：新しい『新羅坊』の可能性と限界」『季刊共産圏経済』（一九八八年九月、第一巻第二号）
朴斗福「韓・中関係の発展と韓・ソ関係の発展の相互関係に関する研究」『韓国と国際政治』（一九九〇年、第六巻第一号）
――「中国の統一政策と対朝鮮半島政策の相関性の研究」『韓国と国際政治』（一九九一年、第七巻第一号）
朴勝俊「韓中国交正常化の背景と意義に関する研究――韓国の現実主義の適応と中国の伝統主義への復帰」高麗大学大学院博士論文、二〇一〇年
朴哲彦「統一政策、人気に迎合することができない」『新東亜』（一九八八年九月）
――「民族の進運と北方政策」『民族知性』（一九八九年四月号）
宋国誠「九〇年代中国の対台湾政策と両岸関係」『中ソ研究』（一九九二年、第五四号）
李玟炯「中国・台湾間の統一政策と経済協力展望」産業研究院、一九九一年
李政熙「韓国外交政策決定機構と行為者」李範俊・金義坤共編『韓国外交政策論：理論と実際』法文社、一九九三年
李泰魯「中国の対外政策と一つの中国原則」『中ソ研究』（一九九五年、第一九巻第三号）
李鶴圭・曺永三「中国の対外経済政策の変化と韓・中経済交流」産業研究院、一九九二年
ジョン・ビョンセ「民族離散と離散家族捜し運動の社会的含意」『社会科学と政策研究』（一九八四年）

車聖徳「外交政策決定における政策決定構造の影響に関する研究——北方政策の事例を中心に」『韓国社会と行政研究』（一九九五年一二月、第六巻）
黄炳茂「一九七〇年代朝鮮半島問題に関する中共の認識」『亜細亜研究』（一九八七年、第七八号）

〈英語〉

Jia Hao and Zhuang Qubing, “China’s Polich Toward the Korean Peninsula,”*Asian Survey,* Vol.32, No.12, December, 1992.

Kim Dongsung, “China’s Policy toward North Korea and Cooperation between South Korea and China,”*The Korean Journal of International Studies*, Vol.XXV:1, 1994.

Kim Hakjoon, “The Establishment of South Korean-Chinese Diplomatic Relation: A South Korean Perspective,”*Journal of Northeast Asian Studies*, Vol.13, No.2, 1994.

Kim Woosang, “South Korea’s Diplomatic Normalization with China and its Impact in Old Ties Between South Korea and Taiwan,”*The Journal of East Asian Affairs,* Vol.VII, No2, summer/fall, 1993.

Kyung-Hee Cheon, *South Korea-China Relations, 1979-1992: The Normalization Process in Transnational Perspective*, Ph.D. Thesis, University of California, 2004.

Lie Hong, “The Sino-South Korean Normalization: A Triangular Explanation,”*Asian Survey*, Vol.XXXIII, No.11, November, 1993.

Lie William H, “The Politics of Détente in Sino-Korean Relations,”*The Jounal of East Asian Affairs*, Vol.VI, No.2, Summer/Fall, 1992.

Liou To-hai, China: *Between the two Koreas, 1984-1989*, Ph.D. Dissertation, Arizona University, 1991.

Wang FeiLing, “China and Korean Unification: A Policy of Status Quo,”*Korea and World Affairs*, Vol.22, No.2, Summer, 1998.

Yoon Sang-hyun, *South Korea’s Nordpolitik with Special Reference to Its Relationship with China*, Ph.D. Dissertation, George Washington University, 1994.

新聞、定期刊行物

〈日本語〉
『朝日新聞』
『韓国・北朝鮮総覧』
『北朝鮮政策動向』
『中国総覧』
『東亜』
『日本経済新聞』
『北京週報』
『毎日新聞』

〈中国語〉
『明報』（香港）
『鏡報』（香港）
『経済日報』（北京）
『中国貿易報』
『人民日報』
『亜州週刊』（香港）

〈韓国・朝鮮語〉
『東亜日報』
『労働新聞』（平壌）
『ソウル新聞』
『新東亜』
『赤十字消息』
『聯合年鑑』
『月刊朝鮮』
『朝鮮日報』
『体育』

〈英語〉
China Daily
Beijing Review

【は行】

【ま行】

【や行】

【ら行】

【た行】

【な行】

【事項索引】

【ま行】

【や行】

【ら行】

【さ行】

【た行】

【な行】

【は行】

索引

【人名索引】

【あ行】

アブラモビッツ　93
安学賓　71
李相玉（イ・サンオク）134, 141, 143, 150, 152-154, 190-194, 199
李時栄（イ・シヨン）　152
李（イ）ジチョル　60
李順石（イ・スンソク）　130, 131, 138, 189, 190
李宣基（イ・ソンギ）　123, 132
李厚洛（イ・フラク）　38
李範錫（イ・ボムソク）　13, 94, 179
石田幸四郎　156
伊東正義　104
エリッヒ　60
袁偉民　103, 108
呉振宇（オ・ジヌ）　37
王家瑞　11

【か行】

華国鋒　50, 61, 62, 66, 157
カーター　18, 67, 75
解建群　90, 92
カウンダ　45
金丸信　145
カピッツァ　97
姜錫柱（カン・ソクチュ）　142
姜成山（カン・ソンサン）　97, 104
キッシンジャー　36, 42, 45, 106
姫鵬飛　103, 104
許家屯　103
金日成（キム・イルソン）36, 38, 39, 41-44, 76, 97, 98, 104, 105, 126, 129, 137, 144, 146, 147, 149, 155, 157
金宇中（キム・ウジュン）　119
金雲龍（キム・ウンリョン）　84
金（キム）シュ　103
金正日（キム・ジョンイル）　11, 157
金正恩（キム・ジョンウン）　11
金錫友（キム・ソクウ）　90-93
金達中（キム・ダルジュン）　94
金喆寿（キム・チョルス）　158
金春燕（キム・チュンヨン）　21, 22
金大中（キム・デジュン）　134
金学俊（キム・ハクジュン）　118
金復東（キム・ボクトン）　119
金泳三（キム・ヨンサム）　148, 158
金溶植（キム・ヨンシク）　46, 58, 93
金英柱（キム・ヨンジュ）　38
金永南（キム・ヨンナム）97, 104, 149
喬冠華　146, 147
喬石　134
金桂華　147
権丙鉉（クォン・ビョンヒョン）　154
串原義直　144
胡錦濤　157, 158
胡喬木　13, 29, 48, 50, 64
胡啓立　104
胡耀邦　30, 31, 76, 104, 105, 114, 157

【著者プロフィール】

林聖愛（りん・せいあい）

中国・中央民族大学世界民族学人類学研究センター専任講師。

1979年中国吉林省生まれ。中国・延辺大学大学院国際政治学科修士課程修了、慶應義塾大学大学院法学研究科後期博士課程修了。博士（法学）。

主要業績：「冷戦変容期における中韓関係改善の模索——中国の政治外交転換の視点から」『現代韓国朝鮮研究』（現代韓国朝鮮学会、2013年11月号）、「改革開放期における中国の対韓『官民分離』政策」『当代中国史研究』（中国社会科学院当代中国研究所、2014年2月号）など。

ゆにっとアカデミア

中韓関係と北朝鮮

国交正常化をめぐる「民間外交」と「党際外交」

2015年2月23日　第1刷発行

著　者　林 聖 愛

発　行　小石川ユニット

〒112-0003 東京都文京区春日2-13-1（株）スタジオ・フォンテ内

電話　(03) 5842-7979　Fax (03) 5842-7261

http://koishikawaunit.net/

発　売　株式会社 世織書房

〒220-0042 神奈川県横浜市西区戸部町7丁目240番地　文教堂ビル

電話 (045) 317-3176　振替 00250-2-18694

編　集　赤羽高樹

装　丁　飯田佐和子

装　画　藤田夢華

パブリシティ・組版　デルタネットデザイン　新井満

印刷・製本　株式会社 シナノパブリッシングプレス

定価はカバーに表示してあります。

乱丁・落丁本は、おそれ入りますが小社までお送りください。送料小社負担によりお取り替えいたします。

ISBN978-4-902163-75-9

ゆにっとアカデミア

北朝鮮の成立過程と統治機構を法的に解明した遺著　3800円

北朝鮮の法秩序
――その成立と変容

藤井　新

■目次より

Ⅰ　北朝鮮をめぐる国際関係　北朝鮮の国際法／朝鮮半島と国際連合／注

Ⅱ　法務生活と契約法　北朝鮮における「遵法」の問題／一九四八年の北朝鮮契約法／注

Ⅲ　北朝鮮における法・経済制度　法制度および統治機構の形成／計画経済の基礎／注／略年譜

■ A5 判 328 頁

［発行］小石川ユニット

［発売］世織書房

金正恩にいたる中朝関係と北朝鮮外交の特質を析出　4000円

朝鮮民主主義人民共和国と中華人民共和国
――「唇歯の関係」の構造と変容

平岩俊司

■目次より

序章／中国人民志願軍撤退と台湾海峡危機／友好協力相互援助条約と対米認識の共有過程／中ソ論争と北朝鮮の革命路線／両国関係修復の政治力学／米中接近と北朝鮮の対米直接交渉提案／改革開放路線と体制護持の相克／中朝関係の構造的変質／伝統的関係の終焉／二国間関係から他国間関係へ／終章／註／年表／索引

■ A5 判上製 414 頁

［発行］世織書房

ユニット出版は、読者の渇きを満たします。
　身近な問題意識に応え、生き方さがしを応援します。
ユニット出版は、著者の志を大切にします。
　隠れた才能を求め、意欲ある書き手を待っています。
小石川ユニットはスタジオ・フォンテを母体に、
　著者と読者をつなぐ新しい出版の可能性を拓きます。
　小石川ユニット　http://koishikawaunit.net/

世織書房

〈価格は税別〉